汉语教学学刊

HANYU JIAOXUE XUEKAN

北京大学对外汉语教育学院　主办
《汉语教学学刊》编委会　编

2020 1

（总第 11 辑）

图书在版编目(CIP)数据

汉语教学学刊.总第 11 辑 /《汉语教学学刊》编委会编. — 北京:北京大学出版社,2020.12
ISBN 978-7-301-31864-5

Ⅰ.①汉… Ⅱ.①汉… Ⅲ.①汉语–对外汉语教学–丛刊 Ⅳ.① H195-55

中国版本图书馆 CIP 数据核字(2020)第 230530 号

书　　名	汉语教学学刊·总第 11 辑 HANYU JIAOXUE XUEKAN·ZONG DI-SHIYI JI
著作责任者	《汉语教学学刊》编委会　编
责 任 编 辑	孙艳玲　崔蕊
标 准 书 号	ISBN 978-7-301-31864-5
出 版 发 行	北京大学出版社
地　　址	北京市海淀区成府路 205 号　100871
网　　址	http://www.pup.cn　新浪微博:@北京大学出版社
电 子 信 箱	zpup@pup.cn
电　　话	邮购部 010-62752015　发行部 010-62750672　编辑部 010-62753374
印 刷 者	北京虎彩文化传播有限公司
经 销 者	新华书店 787 毫米 ×1092 毫米　16 开本　9.5 印张　223 千字 2020 年 12 月第 1 版　2020 年 12 月第 1 次印刷
定　　价	38.00 元

未经许可,不得以任何方式复制或抄袭本书之部分或全部内容。
版权所有,侵权必究
举报电话:010-62752024　电子信箱:fd@pup.pku.edu.cn
图书如有印装质量问题,请与出版部联系,电话:010-62756370

目　录

孔子学院十五年:"院外人"之评说 …………………………………… 李　泉　1

不同语境条件下汉语二语者双及物结构
　　句法启动效应研究 ………………………… 高晨阳　韩文慧　冯丽萍　12
不同类型汉字词对韩国留学生汉语词汇习得的影响 ………… 洪　炜　崔守延　30
空格对汉语阅读有用吗？——一项基于初级阶段汉语
　　二语学习者的追踪研究 ………………………… 于　秒　龙佳欣　陈晓霄　43
"不A"式形容词及其教学——从"好不A"谈起 ………………… 高顺全　陈晓雨　53
CSL学习者类义易混淆词"大—多""小—少"的混用分布及影响因素
　　——基于词汇类型学视角的分析 ……………………………………… 苏向丽　68

回指表达中的重复名字不利效应 ………………… 亓立东　李雨桐　隋　雪　86
预期与反预期评注在小句内的兼容模式与功能 ……………… 邵洪亮　谢文娟　96

文本凭借与教学支持(上)——课程意义上的《老乞大》《朴通事》的经典化
　　……………………………………………………………………………… 李云龙　107
四十年间国际中文教材研究的热点、趋势与特征 ……… 李宝贵　李　慧　璩大盼　118

ABSTRACTS ……………………………………………………………………… 138
《汉语教学学刊》稿件体例 ……………………………………………………… 144

CONTENTS

Fifteen Years of Confucius Institute:

 Comments from an Outsider ··· LI, Quan 1

A Study on Syntactic Priming Effect of Ditransitive Structures

 under Different Contextual Conditions in L2 Chinese

  ·························· GAO, Chenyang; HAN, Wenhui & FENG, Liping 12

The Influence of Different Types of Korean Hanja on the Acquisition of

 Chinese Vocabulary by Korean Students

  ·· HONG, Wei & CHOI, Sooyoun 30

Does Word Space Facilitate Chinese Reading? : A Follow-up Research on

 CSL Beginners ··················· YU, Miao; LONG, Jiaxin & CHEN, Xiaoxiao 43

On "*bù* A" Adjectives and Its Teaching: Start with "*hǎo bù* A"

  ·· GAO, Shunquan & CHEN, Xiaoyu 53

On the Mixed Distribution and Influencing Factors of Homologous

 Confusable Words "*dà—duō*" and "*xiǎo—shǎo*" in Grammars of CSL

 Learners: Analysis from the Perspective of Lexical Typology

  ·· SU, Xiangli 68

The Repeated Name Penalty Effect in Study of Anaphoric Reference
　　　　…………………………………………… QI, Lidong; LI, Yutong & SUI, Xue　86

The Compatible Modes and Functions of Expectation and Anti-expectation
　　Modal Particles within a Clause …… SHAO, Hongliang & XIE, Wenjuan　96

Text Reliance and Teaching Support(Ⅰ): Classification of "Lao Qi Da"《老乞大》
　　and "Piao Tong Shi"《朴通事》in the Sense of Curriculum …… LI, Yunlong　107

Hotspots, Trends and Features in Study of International Chinese Language
　　Textbooks during the Fourty Years …… LI, Baogui; LI, Hui & QU, Dapan　118

ABSTRACTS ……………………………………………………………… 138

Stylistic Rules and Layout of *Journal of Chinese Language Studies* …………… 144

孔子学院十五年:"院外人"之评说

李 泉

中国人民大学

提 要 孔子学院有利于各国民众的汉语学习,便于他们了解中国和中国文化,也为更多的外国学生来华留学提供了平台;孔子学院促进了汉语的国际化和中国文化走出去,在民间层面促进了中国融入世界,在教育层面促进了国际汉语教学相关的专业建设和人才培养。孔子学院存在的主要问题是职能不够单一,没有真正把汉语教学当作一门学科来看待和实施,过多的文化活动和交流项目挤压和影响了汉语教学。其长久之道是去多功能化,回归汉语教学的原点,以汉语教学为唯一职能,以不断提高教学质量为唯一宗旨,坚定汉语教学过程对相关文化现象的诠释就是在传播中华文化的自信。孔子学院越是成为舆论关注的焦点,就越说明其职能定位或者实施有问题,越是无声无息就越说明它是一种成功的存在。汉语教学是一门学科,按照学科的规律办事,则不会引起业界以外太多的关注和炒作。

关键词 孔子学院 汉语教学 文化教学 文化传播

一 引言

21世纪以来,世界各国对汉语的需求普遍增多,呈现出学习目标多元化、学习群体大众化的趋势。有关部门"为满足世界各国学习汉语的需求,提升世界各国的汉语教学水平,为汉语学习者提供更加便利的条件,经过反复研究和论证,并吸收国际上一些主要语言推广机构的历史经验,确定在国外设立'孔子学院'。'孔子学院'是以教授汉语和传播中华文化为基本任务的非营利性机构"(国家汉办 2003)。可见,孔子学院设立的动因是"满足世界各国学习汉语的需求",任务是"教授汉语和传播中华文化"。2004年成立第一所孔子学院。2005年世界汉语大会在北京召开,有关部门明确将对外汉语教学的工作重心转向海外,并通过与各国有关学校或机构合作创办孔子学院。走过十余年的孔子学院,"获得了长足的发展,已遍布世界各地,数量可观,规模宏大,成绩斐然,令世人瞩目"(赵金铭 2014)。

孔子学院取得的成就和国际声誉超乎许多人的想象。其来者不拒、有学必教的亲民做法,深受各国汉语学习者欢迎。与此同时,海内外对孔子学院这一新生事物的各种舆论关注和解读也超乎想象,包括其定性与定位、功能与效益、发展策略、文化传播、影响力和舆情分析等,这其中有些论说并不是基于孔子学院设立的初衷和孔子学院的实际情况,且不乏个人的主观臆想和非学术的热情炒作,而海外某些媒体和政客对孔子学院的指责,则完全是基于意识形态和个人自身利益的恶意炒作,意在干扰和诋毁孔子学院。因此,无论是基于孔子学院自身发展,还是针对有关孔子学院的"各种关注",都需要总结孔子学院十五年来的办学得失,探寻未来持续发展的方略,以使孔子学院更好地造福于各国汉语学习者。

作为一名国际汉语教学事业的参与者,笔者曾有机会到不同地区的多所孔子学院做过教师培训,对孔子学院的工作多少有所了解,故愿以"院外人"的身份,就孔子学院的主要贡献、存在的问题和发展策略发表浅见。研究孔子学院的文献众多,仅 2018 年有关研究收集到的有关孔子学院研究的中外文文献就有 1729 篇/部:期刊文献 996 篇(中文 964 篇,外文 32 篇),学位论文 658 篇(中文 655 篇,外文 3 篇),图书文献 21 部(中文 19 部,外文 2 部),中文会议文献 18 篇,中文辑刊文献 36 篇(宁继鸣 2019:3)。本文有的看法已有不少人说过,无须交代出处;有的看法也可能见诸其他文献,但一时难以查找出处,姑且算作所见略同,实无掠美之意;当然,也有某些看法和说法似未见被提及过。实际上,本文属于"谁都可以对孔子学院说上几句"的文章,谈不上有什么学术创新,能为有关部门和相关研究"汇集共识"或提出进一步讨论的话题,则心愿已遂。

二 孔子学院:对世界的贡献

2.1 有助于各国民众学习汉语

孔子学院的设立,较好地满足了世界各国当地民众学习汉语的愿望,为那些无论是出于何种目的而想学习汉语的人提供了极大的便利。这是评论孔子学院首先应该看到的一个基本事实,也是作为汉语故乡的中国,不惜人力、财力和各种教学资源,为想学习汉语的各国民众所做出的重要贡献。以往的汉语教学,都是有关国家自主安排的,主要在大学,中小学很少开设汉语课。孔子学院在有关国家的设立,通过中外合作办学,不仅支持了高校的汉语教学,更是大大地促进了当地中小学汉语教学的开展和发展,迄今已有越来越多的国家将汉语作为外语纳入国民教育体系。崔建新(2019)就指出"孔院的设立为美国各阶层、各年龄段人士接触汉语、学习汉语提供了更多机会和可能,并极大地促进了汉语教学在美国的蓬勃发展"。可以说,孔子学院及下辖的孔子课堂和汉语教学点在世界各地的广泛设置,大大方便了各国当地民众的汉语学习,拓展了汉语教学和学习的新途径,并使汉语教学和学习由少数精英化的模式,转向大众化和普及化的模式。

2.2 有助于学习者了解中国文化

开展文化活动是绝大部分孔子学院的重要工作内容(崔建新 2019)。通过孔子学院的汉语教学及诸如书法讲座、展示与教学等相关的文化活动,促进了各国民众对中国文化的了解,较好地满足了他们对包括中国文化在内的多元文化的需求。文化的交流和文明的互鉴,是人类社会及不同文化发展的重要途径。语言是文化的载体,语言中蕴含着文化,语言教学的同时必定涉及相关的文化因素。语言中大量的词汇蕴含着该语言国的历史文化,某些语法结构和语言表达方式体现该语言国人民的思维方式,而语言教学所讲的故事往往体现该语言国人们的生活方式与价值观念,如"春运"就不仅包括中国人的生活方式,也体现中国人对"过年",特别是对"家""家乡""亲情""友情"和"团圆"的价值观念(李泉 2011)。实际上,任何第二语言教学的过程,在很大程度上也是该语言国文化诠释和传播的过程。汉语教学的过程同样也是在介绍和传播中国文化,特别是语言本身及与语言交际相关的文化内涵和文化现象。

2.3 有助于当地民众了解中国社会

孔子学院在各国的生存与发展,客观上起到了"中国存在"的作用,成为各国民众了解中国的一个窗口。由于历史等原因,"当今世界对中国的了解还很不够,对许多国家和民族来说,中国仍然是个很神秘、很落后的国家,许多人对中国或者完全不了解,或者停留在百年前、三十年前的状态"(李泉 2011)。许多外国人不了解中国在历史上曾经长期领先于世界,不了解近代以来中华民族百余年屈辱的历史,也不了解改革开放以来,中国所取得的辉煌成就。在当今全球化时代,中国需要了解世界,世界也需要了解中国。孔子学院十几年的生存与发展,为各国民众了解中国提供了便利,不仅汉语教学活动本身就是一个中外互动的过程,每年被外派往世界各地的大量汉语教师和志愿者,更是各国民众了解中国的直接对话者。据悉,孔子学院总部^①"每年要向 100 多个国家派出 6000 多名汉语教师志愿者,10 年来累计已有 8 万名志愿者教师先后赴海外任职"(宁继鸣 2017)。他们与外国学生和外国同事乃至社区居民的交流与沟通,有助于当地民众了解中国人、中国事和中国社会。

2.4 有助于更多的外国学生来华留学

孔子学院总部的奖学金项目,每年资助大量各国学生到中国留学,既有短期,也有长期;既有学历生,也有非学历生;既有本科生,也有硕士、博士生(张晓慧 2017)。比如,2017 年全年在华各类孔子学院奖学金留学生 9625 人,当年支持 135 所中国大学录取 119 个国家 4883 名孔子学院奖学金生,其中,汉语国际教育专业硕士 570 人,汉语国际教育本科(含南亚师资班)439 人(孔子学院总部/国家汉办 2017)。世界各地的孔子学院不仅在当地教授汉语,也通过孔子学院总部的资助,每年把数千名孔子学院学生推荐到中国学习汉语和有关专业,成就了各国青年的汉语梦,实现了他们留学中国和专业学习的愿望。这些来华学成的汉语人才和专业人才,回国或在中外企业等部门从事与汉语有关的工作,在中外经济和文化交流中发挥了重要作用。又如,2016年"孔子新汉学计划"新招收26国72名中外合作培养及来华攻读学位博士生。通过这一项目招收的外国博士生累计已达332名(孔子学院总部/国家汉办 2016)。可以说,世界各地的孔子学院及孔子学院总部,为世界各国高层次汉语人才和专业人才培养做出了重要贡献。

三 孔子学院:对中国的贡献

3.1 促进了汉语的国际化

孔子学院较好地促进了汉语全方位走向世界,加快了汉语教学、学习和应用的国际化步伐,改变了世界汉语教学的传统格局,这不仅有利于满足世界各国对汉语的需求,也符合中国对外发展的国家利益。由于历史等原因,汉语教学与传播一直是落后的。1978年中国改革开放后,这种局面大为改善,来华学习汉语的人数不断增多,对外汉语教学获得了长足的发展。但是,海外的汉语学习者虽然也在不断增加,但基本上是在国外一些高校中自发自为的,许多想学汉语的社会人士,特别是中小学,由于师资等原因而无法实现学习汉语的愿望。孔子学院的设立既有效地支持了相关高校的汉语教学,更为高校以外的汉语学习提供了极大的方便,较好地满足了当地不同年龄段、不同职业的汉语学习者的需求,促进和加快了汉语的国际化进程,而满足各国人民学习汉语的需求,也符合中国对外开放的国家战略。

3.2 促进了中国文化走出去

文化因交流而发展,因相互借鉴而共生,文化发展的规律是多元化。正是本着这样的理念,千百年来,中华民族不断吸收外来文化而得以不断发展,历史上的佛教,近代的马克思主义,现实生活中的"一米黄线"[②],日常交际中"用感谢回答对方的称赞",等等,即是中国吸收外来文化的例证。中国政府"积极鼓励、提倡本国人民,特别是广大青少年学习和使用世界其他民族的语言。比如,目前中国学习英语的人数超过3亿,高校开设的各国语言专业已有60多种"(刘延东 2009)。中国青少年在学习这些语言的同时就是在了解相关的文化。同样,孔子学院的汉语教学及其相关的文化活动,促进了中国文化走向世界。外国人学习汉语也是在了解中国文化。事实上,汉语学习者中有许多人非常愿意了解中国文化,甚至是因为对中国文化感兴趣才学习汉语。这与少数政客基于意识形态和个人利益的需要而鼓吹的"中国文化渗透论"是完全不同的。

3.3 促进了外国民众对中国的了解

孔子学院在各国的设立,特别是汉语教学活动的持续开展,有助于增进各国人民对当代中国及其历史文化的了解,而多一份了解,就可能多一份理解和友好,进而为中国和平发展及"国际融入"创造良好的国际环境,正所谓语言相通而民心相通。国家主席习近平在全英孔子学院和孔子课堂年会闭幕式上(2015年10月22日)指出:"语言是了解一个国家最好的钥匙,孔子学院是世界认识中国的一个重要平台。作为中外语言文化交流的窗口和桥梁,孔子学院和孔子课堂为世界各国民众学习汉语和了解中华文化发挥了积极作用。"(宁继鸣 2019 扉页)据 2018 年 12 月在成都召开的第十三届孔子学院大会报道:目前全球已有 154 个国家和地区建立了 548 所孔子学院、1193 个中小学孔子课堂和 5665 个汉语教学点,中外专兼职教师 4.6 万名,累计面授学员 1100 多万人,举办的各类文化活动吸引上亿各国民众参与体验。有 1100 多万学员,就可能有 1100 多万个家庭了解和关注中国。

3.4 促进了汉语国际教育的专业建设

孔子学院的发展,客观上促进了汉语国际教育本科和硕士两个专业层次的建设和人才培养。1985 年设立的"对外汉语"本科专业(2012 年更名为"汉语国际教育"),直到 20 世纪 90 年代末全国仍只有北京语言大学等 4 所院校招生,进入 21 世纪后该专业迅速发展,孔子学院对专业汉语教学人才的需求是其中一个重要的促进因素。"2012 年底,全国共有 342 所高校开设该专业,在校本科生 63933 人。""2015 年 9 月,全国开设对外汉语/汉语国际教育的高校达 363 所。"(施家炜 2016)为提高专业人才培养的层次,2007 年设立"汉语国际教育硕士专业学位研究生教育",并不断得到发展。据统计:2007—2015 年,全国共招收汉教硕士 30940 人,其中,全日制中国学生 21169 人,其余为在职学生、外国奖学金生等。2017 年,全国 110 所高校共招收汉教硕士 5924 人,在校生 12328 人,毕业生 4123 人,有 2344 名汉硕生赴 80 多个国家的孔子学院、国外大中小学担任汉语教师志愿者(汉语国际教育专业学位研究生教育指导委员会秘书处 2017)。不仅如此,近年来,一些院校开始招收汉语国际教育专业博士,为孔子学院和海外高校的汉语教学提供更高层次的专业人才。

四 主要问题:定位不专一

4.1 孔子学院只应承担汉语教学任务

如果从孔子学院的汉语教学是一种第二语言教学,而第二语言教学是一门学科,有其特定的教学目标、教学内容和教学规律的角度看,孔子学院只应承担汉语教学任务。所传播的中华文化应限定在汉语作为第二语言教学学科范畴之内,即与汉语学习、理解和应用密切相关的文化因素和文化现象,超出这一范畴的中华文化内容当然可以教学和传播,但那不属于二语教学范畴内的内容。据此来看,孔子学院目前存在的主要问题是目标过多、任务过重,诸如中方派往各地孔子学院的"巡讲、巡演、巡展"等文化活动及各类交流项目,大都跟汉语教学无关或关系不大。一些孔子学院努力发展如中国饮食、音乐、中医药等主题特色,但这类课程和活动都偏离了汉语教学的主旨。崔建新(2019)指出"孔院总部提出孔院的'汉语+X'发展方向,但这些孔院给人的印象更像'X+汉语'"。

换言之，孔子学院的职能和作用被过度发挥、过度联想和过度宣传，不仅分散了孔子学院的精力，影响了汉语教学工作，也因此产生了一些负面影响，甚至成为少数国家别有用心的政客攻击孔子学院的说辞。因此，有必要重新思考孔子学院的定性定位问题，以便使其更好地服务于各国民众的汉语学习。

4.2 孔子学院的功能定位需要再思考

《孔子学院章程》明确："孔子学院致力于适应世界各国人民对汉语的需要。"其宗旨是，"增进世界各国人民对中国语言和文化的了解，加强中国与世界各国教育文化交流合作，发展中国与外国友好国家关系，促进世界多元文化发展，为构建和谐世界贡献力量"（宁继鸣 2017）。孔院章程中"孔子学院致力于适应世界各国人民对汉语的需要"这一总体目标定位准确，但其宗旨中"增进世界各国人民对中国语言和文化的了解"等表述过于笼统，孔子学院的实质工作如其总体定位所言"适应世界各国人民对汉语的需要"，即教授汉语，而"中国语言"显然不限于汉语，重要的是"增进对中国语言的了解"的表述不够准确，外国人来孔子学院是学汉语，而不是了解汉语。更值得思考的是，这样的办学宗旨，即使主观上无意矮化汉语教学，客观上也会带来孔子学院"语言教学与文化传播并重"的解读，各地孔子学院及大量研究孔子学院的文献正是这样解读的，这就偏离了孔院章程中的总体目标定位。

4.3 "语言文化并重"定位不当

语言教学与文化教学及传播，在教学目标、内容、原则和方法等方面都有根本区别，不可能属于同一个学科范畴（中国对外汉语教学学会 1995）。汉语教学是一门二语教学的学科，有其自身的教学内容和教学规律，跟文化教学和传播及各种文化交流活动的内容、目标与运作方式不同，不可能容在一个门下。因此，"语言文化并重"系定位不当，忽略了语言教学是一门学科，有其自身的内涵和运行规律。需说明的是，对外国人的汉语教学当然要教授文化，但必须教授的是与语言学习、理解和交际密切相关的所谓交际文化（不是一般的知识文化），在这个意义上，说汉语教学也是在介绍和传播中国文化，是没有问题的，主张"语言文化并重"也是没问题的。还需说明的是，一般意义上的文化当然可以教授，如中国古代哲学思想的介绍；一般意义上的文化活动当然可以进行，如中国音乐、舞蹈、绘画的介绍和展演等。但如果将这些层面上的中华文化教学与传播跟汉语教学"并重"，便是对汉语教学是一门学科的误解和对该学科功能的泛化，至少从学理上看，把汉语教学与文化传播视为孔子学院的共同任务是不合适的。

4.4 "语言文化并重"后果堪忧

在语言文化并重以及将文化泛化的观念下，一些孔子学院开展了各类文化交流活动，如接待国内有关方面派遣的中国高校等单位的艺术团体、文艺界名流的巡演，邀请中国作家和学者进行中国文学文化的巡讲，主办或承办孔子学院中外合作院校的学术交流和研讨会等，都与汉语教学不相干。不相干也可以，带来的问题是，造成孔子学院负担过多过重,在相当程度上影响了主体工作汉语教学。如果说影响了汉语教学也不是大问题,因为各种巡演、巡讲、巡展等文化活动也是介绍了中国和中国文化,那么,就要考虑孔子学院的设立是为满足各国民众对汉语学习的需求这一初衷是否得到了充分的落实,更要考虑过多与汉语教学不相干的文化活动的效果,以及是否会引起当地一些民众的"疑惑"乃至给一些政客以"口实"的问题。金志刚、史官圣(2019)指出:有些"三巡"(巡讲、巡演、巡展)项目,由于缺少对当地民众文化需求和欣赏水平的了解,很难在当地引起反响。"组织一场文化活动需要耗费大量的人力、物力和财力,然而民众对活动的热情和参与度却很低,活动的效果不尽如人意。"据统计,"2018年仅罗马大学、米兰国立大学、都灵大学和恩纳科雷大学的4所孔子学院就举办了311场各类文化活动"。一年时间里,4所大学的孔子学院就举办了311场各类文化活动,显然文化活动成了主角,汉语教学成了配角。

4.5 对孔子学院汉语教学研究重视不够

由于对孔子学院的定位不专一,办学宗旨多元化,致使对汉语教学这一核心工作重视不够,用力不足;多年来,孔子学院缺乏对汉语教学的目标规划和顶层设计研究;面向孔子学院的各类教材研发和出版相当欠缺,迄今尚无一套公认的孔子学院权威教材,适合孔子学院选择的各类汉语教材更是缺乏;迄今尚未形成若干成熟的孔子学院教学模式和教学方法;面向孔子学院的汉语、汉字教学标准和教学大纲的研究相当匮乏;更缺乏将孔子学院的汉语教学作为国际汉语教学的一个特殊领域进行系统的理论研究,比如,孔子学院教师大部分是中国人,那么孔子学院的汉语教学与在中国进行的汉语教学、在海外由外国人教授外国人的汉语教学有无不同,就值得研究。对汉语教学和研究重视不够的原因可能在于,政府等有关方面并没有真正把汉语教学作为一门学科来看待,至少没有完全当作一个学科来实施,相反,更加重视孔子学院的文化传播功能及国际影响;国内和海外一些合作院校更加重视孔子学院的学术交流功能。当然,更为根本的原因可能在于孔子学院的办学宗旨不够专一。多功能的初衷虽可以理解,但却偏离和挤压了语言教学这一根本任务;泛文化教学和文化活动泛化,偏离了汉语二语教学学科范畴中的文化内涵,其实质是忽略了汉语教学的学科属性及其教学规律。

五 对策建议:去多功能化

5.1 对孔子学院多功能定位的再反思

如不以语言教学的得失为根本评估标准,则目前的定位及实施仍可以是一种取向,仍可以坚守,也仍会让中外双方各有所得。但问题是:(1)孔子学院成了一个多任务、多功能的语言教学与文化传播机构,除了承担"汉语教学""文化传播""学术交流"等任务外,还有诸如"汉语桥""夏令营""中外方校际合作"等项目和活动,各种任务和活动客观上挤压和影响了汉语教学工作,偏离了《孔子学院章程》中规定的"致力于适应世界各国人民对汉语的需要"这一总体目标;(2)十五年来,孔子学院的创办,无论对中国还是对世界来说,都是一个大好事,甚至可以说是一个成功范例,但这种成功是包括其国际影响等多种因素而言,就汉语教学来看,其贡献在于大大地促进了汉语教学国际化和普及化,但在整体的教学质量和效益上也许并没有达到应有的区位和高度,很难说有多么成功,特别是在教学理念和教学模式、教材编写和研究、各类标准和大纲的研制等学科建设方面(参见本文 4.5)。

5.2 孔子学院应以汉语教学为唯一职能

着眼于当下一些孔子学院多功能化的工作状况,着眼国内外媒体舆论对孔子学院"软实力"之类说法的炒作、"文化渗透"之类说法的干扰,着眼于汉语作为第二语言教学是一门学科的考量,着眼于迄今尚未见到基于海外社会和语言环境、汉语汉字特点、孔子学院教学特点而形成的系统性的孔子学院汉语教学理论的事实,我们建议,在新时代新形势下,将孔子学院的性质和定位调整为:孔子学院是中外合作的汉语教学服务机构,以满足各国民众对汉语学习的需求为唯一宗旨。这就是说,将孔子学院定性为纯粹的语言教学机构,从事汉语教学为唯一目标和唯一工作任务,不再承担诸如孔子学院合作院校之间的学术交流项目和各种学术会议、邀请国内艺术院团和名家名流的巡演和巡讲等非教学功能。让孔子学院"瘦身"、去"多功能化",不仅可以在一定程度上减少来自孔子学院外部的炒作和干扰,根本上说是为了更好地开展汉语教学,更好地满足各国民众对汉语学习的需求。单一宗旨的好处是有助于使孔院轻装上阵,凝心聚力地探索适合孔子学院的汉语教学模式、教学理念与教学方法,高质高效地开展汉语教学;有助于将孔子学院建设成为国际同类语言教学机构中的知名品牌,并更好地实现当地化。

5.3 文化教学限定于科学范畴之中

把汉语教学确立为孔子学院的唯一工作任务,按照汉语作为第二语言的教学规律开展工作,同样可以起到介绍和传播中华文化的作用,只是这里的中华文化,如上文所说,主要限于与语言学习、理解和交际密切相关的文化因素和文化现象,即汉语作为二语教学学科范畴中的文化内涵。事实上,语言本身就蕴含着文化,学习者学习汉语就是在了解和理解中华文化,教语言想不涉及相关的文化都难,而通过语言教学和学习所接触的文化更加真切,更易于感受和理解。因此,不要低估语言教学本身的文化传播功能,不要高估非汉语手段的文化传播效果。通过目的语本身才能更准确地理解和把握目的语国文化的内涵与精髓,而且语言教学过程中的文化教学是以润物无声的方式跟语言教学同时进行的,其效果是语言以外的其他文化传播方式所不能相比的。因此,坚定汉语教学就是在传播中华文化的自信,将文化教学限定在二语教学学科范畴之内的文化因素和文化现象,是孔子学院应有的办学定力。

5.4 长久之道:回归语言教学的原点

重视各类文化传播活动,虽"动静大""影响大",能引起高层人士和舆论界的关注,但后果是,不仅偏离和挤压了语言教学的主业,也使得孔子学院既不堪重负,又高处不胜寒。回归满足各国民众汉语需求的原点,按照汉语汉字的特点和教学规律开展教学,以培养更多的国际汉语人才为宗旨,通过高水平的汉语教学吸引更多的人走进孔子学院学习汉语,这本身就是一件了不起的国际事业。相反,孔子学院成为"热词"和热门话题,各界人士、专家学者、舆论媒体、议员政客等都来关注,都来说上几句,未必是多大好事。孔子学院的汉语教学就是一种二语教学"这点事",过多的炒作、过分的解读和过度的联想,如"孔子学院的文化教学太低端,应教给外国人中国文化的精髓,而不是包饺子、贴春联、过中秋节""孔子学院已由一种教育存在到社会存在"之类的说法,实质上是对汉语教学是一门学科的无视。

可以说,孔子学院越是成为国内外舆论关注的话题和焦点,就越说明它的职能定位或者实施有问题,而越是无声无息就越说明它是一种自信而成功的存在。孔子学院汉语教学的发展和教学质量的提高,根本上说要靠加强学术研究来实现,而学术研究及其成果是难以用来炒作的,连攻击孔子学院的政客都不会对孔子学院的教学理论、模式和方法感兴趣。因此,去多功能化,回归汉语教学的原点,是孔子学院长久发展的根本性途径。

六 余言

应该说,孔子学院在世界各地的建设和发展是一个了不起的创举。孔子学院存在的根本问题是,任务不够单一,多功能化倾向明显,汉语教学和研究未能得到应有的重视。根本原因在于,没有真正把汉语教学当作一门学科来看待和实施,视为一门学科就应该按照学科的规律办事,其教学目标、教学内容和方式方法等有特定的规定和要求,不可能在学科内涵之外附加其他任务和功能。去多功能化,回归语言教学的原点,把汉语教学作为孔子学院的唯一职能,把不断提高教学质量作为唯一的办院宗旨,很可能是孔子学院持续和健康发展的长久之道,正所谓少则得,多则惑。孔子学院不能包打天下,赋予其过多的功能和职责,不仅是对汉语教学这一主旨工作的挤压和干扰,也无助于孔子学院的长远发展。文化传播和交流活动,可以通过别的途径和方式去开展,不宜搭孔子学院的便车。

进一步,孔子学院就应该只干汉语教学这件事。把孔子学院定位于纯粹的汉语教学机构,不仅符合汉语教学是一门学科的属性,也不会引起太多的炒作和指责,因为是外国人自己想学汉语,孔子学院的使命就是帮助他们实现这一愿望,可谓你情我愿。相反,将孔子学院视为文化传播机构,重视各种"巡讲、巡演、巡展"等文化活动,并给予过多的宣传和报道,便会引起一些热情炒作和无端指责,诸如孔子学院是"美丽的中国名片""真实的中国读本""可爱的民间大使""中国软实力的象征""中国文化走出去的符号""改变了中国的边缘政治形象""中国公共外交的魅力攻势"等观点,以及"文化渗透""文化输出平台""中国政府的政治宣传工具""干涉学术自由""威胁国家安全"等言论,便是相关的表现,而过分的渲染和无端的攻击,都不利于孔子学院的生存与发展。

当然,对于那些因意识形态化等外在因素干扰而关闭的孔子学院,我们也应抱以理性与平和的心态。如崔建新(2019)指出,近年来"美国政界从政治舆论上、资金上甚至立法上对孔院进行了全方位打压,不惜一切手段迫使大学关掉孔院",这其实不仅是一些政客的政治化操作,也是他们"冷战"思维和不自信的表现。中国的国际化和汉语的国际化是不可逆转的大趋势,中国文化走不走出去都将依然存在。我们需要的是耐心和信心,而不应因个别国家及少数政客基于政治和个人目的致使一些孔子学院关停而恐慌和焦虑,正所谓西方不亮东方亮。当然,这不意味着对孔子学院可以不进行改革和调整,运营十五年的孔子学院自身就需要进行全面的评估和治理,是"瘦身"还是继续"多功能化"就是一个值得研究和思考的课题。

注　释

① 2020年6月18日,教育部发文[人教函(2020)1号],将孔子学院总部更名为"教育部中外语言交流合作中心",主要职责为承担参与制订和实施国际中文教育总体战略和系列国家标准,建设、管理国际中文教育体系,运行国际中文教育项目,开展相关国际交流合作等。
② "一米黄线"指在地铁站、银行窗口前等处所画的黄色隔离线,乘客或顾客要站在一米黄线外候车或等待办理业务。"一米黄线"标志着安全和隐私保护含义。

参考文献

崔建新(2019)美国孔子学院纵横谈——为孔子学院十五周年而作,《国际汉语教学研究》第3期,4—12页。

金志刚、史官圣(2019)意大利孔子学院发展现状、问题与策略研究,《国际汉语教学研究》第3期,12—18页。

汉语国际教育专业学位研究生教育指导委员会秘书处(2017)《全国汉语国际教育专业学位研究生教育指导委员会工作通讯》第10期(内部资料)。

国家汉办(2003)《国家汉办2003年鉴》,中国国家对外汉语教学领导小组办公室编印(内部资料)。

孔子学院总部/国家汉办(2016)《孔子学院年度发展报告(2016)》,孔子学院总部/国家汉办编印(内部资料)。

孔子学院总部/国家汉办(2017)《孔子学院年度发展报告(2017)》,孔子学院总部/国家汉办编印(内部资料)。

李　泉(2011)文化内容呈现方式与呈现心态,《世界汉语教学》第3期,388—399页。

刘延东(2009)在外国汉语教师奖学金生开学典礼上的致词,北京外国语大学,2009年11月10日。

宁继鸣(2017)新常态:孔子学院的完善与创新,《国际汉语教育(中英文)》第3期,10—15页。

宁继鸣(2019)《孔子学院研究年度报告》,商务印书馆。
施家炜(2016)汉语国际教育专业人才培养的现状、问题和发展方向,《国际汉语教育(中英文)》第1期,13—17页。
张晓慧(2017)论中国大学对孔子学院发展的支撑能力建设,《国际汉语教育(中英文)》第3期,5—9页。
赵金铭(2014)孔子学院汉语教学现状与教学前景,《华南师范大学学报(社会科学版)》第5期,67—72页。
中国对外汉语教学学会(1995)对外汉语教学的定性、定位、定量问题座谈会纪要,《世界汉语教学》第1期,1—5页。

作者简介

李泉,中国人民大学国际文化交流学院教授,博士生导师,主要从事汉语语法、对外汉语教学与研究、汉语教师发展、国际汉语教学研究。Email:liquan@ruc.edu.cn。

不同语境条件下汉语二语者双及物结构句法启动效应研究

高晨阳[1]　韩文慧[2]　冯丽萍[1]

1 北京师范大学汉语文化学院　2 中国人民大学附属中学

提　要　本研究采用启动范式下的口头句子补全任务,通过两项行为实验,考察对汉语母语者和韩语母语的汉语二语者而言,不同频率双及物结构的句法启动效应在不同语境条件下有何异同,其中语境条件包含单句无语境和语篇语境。研究发现,高频结构的启动效应始终强于低频结构,这一点在母语者和二语者之间、单句和语篇条件下保持一致,这与句式频率所导致的被试对不同双及物结构的句式使用倾向有关。不过与母语者不同,汉语二语者的使用倾向不仅受到句式的绝对频率、相对频率的影响,还受到母语句式频率的影响。研究还发现,对两组被试而言,单句无语境条件下的启动效应均最强,语篇信息的整合削弱了被试对启动句结构的加工;但以汉语母语者为参照,汉语二语者在语篇条件下的启动效果更好,使用低频结构产出的偏误率更低,说明语篇语义有助于促进汉语二语者对句式结构与语义的匹配。本文的研究结果可为课堂教学中的句法训练设计提供参考,为教师在句法教学中依据句式频率合理选择呈现的语境条件提供实验证据。

关键词　语境条件　句式频率　汉语二语者　汉语双及物结构　句法启动

一　引言

作为不同语言中的常见形式,双及物结构一直受到语法学家们的关注。双及物结构是指"由双及物(三价)动词构成的,由施事主语外带一个客体和一个与事的结构"(刘丹青 2001)。张伯江(1999)较早将构式语法中"双及物结构式"的概念引入汉语语法研究,指出该结构的语义核心为"有意的给予性转移"。具体而言,汉语双及物结构主要包含双宾语结构和与格结构(何晓炜 2008),其中双宾语结构如"S＋V＋NP_1＋NP_2""S＋V＋

---

* 本研究得到北京师范大学学科交叉基金项目(BNUXKJC1919)的资助。

给+NP$_1$+NP$_2$",与格结构如"S+给+NP$_1$+V+NP$_2$""S+V+NP$_2$+给+NP$_1$",句中 NP$_1$为指人的间接宾语,NP$_2$为指物的直接宾语。汉语语法学界对于上述四种双及物结构一直有所探讨,如朱德熙(1979)从动词入手,细致划分了可以进入双及物结构的动词语义特征;沈家煊(1999)着眼于句式整体,讨论不同双及物结构之间句式义的差异;刘丹青(2001)则选取类型学的视角,探究了制约双及物结构形式的各项原则。可见,双及物结构在汉语语法本体研究中已得到了较为充分的讨论,并为该结构的认知与习得研究提供了语言学基础。

在汉语二语教学中,我们发现二语学习者在运用汉语双及物结构进行产出时常常会出现问题:一方面存在着结构选择错误,如"我变得非常自大骄傲,总是添别人麻烦"[①],这里应该使用与格结构表达"给别人添麻烦",却错误地选择了双宾结构;另一方面存在着结构选择正确但语序错误的情况,如"我已经寄给一点中药您"这样将 NP$_1$ 与 NP$_2$ 位置颠倒的病句。可见,对于汉语二语学习者来说,双及物结构由于句式形式多样,结构成分较为复杂,习得难度也较高。目前已有的关于汉语二语者双及物结构的习得研究涉及了不同年龄、不同母语背景的学习者,如蔡春玉(2007)分析了朝鲜族小学生在自然习作和问卷语料中出现的汉语双宾句偏误,归纳了偏误的类型;孟祥芳(2009)结合北京语言大学 HSK 动态作文语料库中的双宾语偏误句,归纳了外国学生习得汉语双宾结构的偏误类型和偏误原因;常辉(2014)也基于 HSK 动态作文语料库,考察了母语为英语和法语的学习者对汉语双宾句及其与格转换结构的习得,研究发现母语为英语和法语的学习者能够利用母语正迁移,较好地习得汉语双宾句及其与格转换结构。综合上述研究可以发现,已有的对于双及物结构的习得研究多以基于语料库的偏误分析为主,对于二语者言语产出中双及物结构使用原因的实验研究以及如何通过条件分析使学习者正确使用汉语双及物句的研究还较少,因而,我们将采用句法启动条件下的行为实验范式,结合汉语句法学习与教学的实际进行选择,探究影响汉语二语学习者在启动条件下产出双及物结构的因素,并据此提出相应的教学建议。

句法启动(Syntactic Priming;又称结构启动,Structural Priming;句法保持,Syntactic Persistence)是指个体在产生句子时,倾向于重复使用刚刚加工(阅读、听到或产出)过的句法结构(Bock 1986;Pickering & Branigan 1998;杨洁、张亚旭 2007)。自 20 世纪 80 年代始,Weiner & Labov(1983)首先从社会语言学角度探讨了句法启动现象,随后 Bock(1986)通过行为实验证实了言语产出过程中句法启动效应的存在,而后心理语言学、二语习得领域的学者们对句法启动效应进行了大量研究,其研究手段、实验范式均已发展得较为成熟(Pickering & Branigan 1999;查芸芸、吴思娜 2014;Jackson & Ruf 2017)。由于句法启动的过程类似于语言教学操练,都是通过有效的输入引导学习者形成最优的输出,因而本研究选取句法启动的研究视角。考虑到汉语二语学习者在实际学习过程中,不仅接受教师的单句例句输入,还常接触以语篇形式呈现的材料,那么,单句和语篇这两种不同的语境条件是否会影响学习者提取句法信息,从而影响句子产出结果?不同使用频率的双及物结构在两种语境条件下的启动效应有何异同?为此,我们选取语境条件作为关注重点,通过句法启动实验,探究不同语境条件下的双及物结构对汉语二语者句法启动效应的影响。

语境(context)是指语言环境,鲁忠义、熊伟(2001)从阅读理解的角度区分了广义语境和狭义语境。广义语境泛指一切语言环境,既包括狭义语境,也包括语言以外的语言环境。狭义语境是指语内环境,即通常说的上下文。狭义语境常分为词语境、句子语境和语篇语境三种类型。其中,语篇语境是指,对于目标词,除了它所处的句子本身提供的句法、语义等语言信息以外,该句子前后的词语、句子、段落,乃至整个篇章所提供的语言信息。本文以句子为研究单位,将语境定义为语篇语境视角,因而本文的语境条件分为单句无语境条件和语篇语境条件。

具体来说,本文拟研究的问题如下:

(1)不同语境条件下(单句无语境、语篇语境)韩语母语的汉语二语者和汉语母语者的句法启动效应及其影响因素如何?(2)对韩语母语的汉语二语者和汉语母语者而言,双及物结构的使用频率对启动效应的影响有何异同?

通过探讨这些问题,不仅可以丰富汉语二语学习者习得双及物结构的研究成果,还有助于探讨语境对句法结构提取和产出的影响;此外,研究结果也可以为汉语句法教学与训练设计提供实验证据,为教师合理安排例句材料所处的语境条件提供参考,优化句法教学效果。

二 实验一:单句无语境条件下汉语二语者双及物结构句法启动效应研究

2.1 实验设计

实验采用 2×2 的两因素混合设计:第一个自变量被试类型为被试间因素,包括汉语母语者和中级汉语水平的韩语母语者;第二个自变量启动句类型为被试内因素,包括高频的双宾语结构"S+V+给+NP_1+NP_2"(以下简称"V 给")和低频的与格结构"S+V+NP_2+给+ NP_1"(以下简称"V*给"),句式频率的确定方式见下文实验材料说明部分。因变量为出现启动效应的目标结构句的数量。

2.2 被试

汉语母语者被试为中国大学本科生及研究生,共 20 名,普通话标准;二语者被试为中级汉语水平韩语母语的在华留学生,共 20 名。选择韩语母语者的原因在于:已有的研究发现,汉韩两种语言中的双及物句结构有着不同的对应关系(朴志炫 2014),韩国学生倾向于高频使用"S+给+NP_1+ V+NP_2"(以下简称"给 V")结构,而"V*给"和"V 给"结构的使用较少、习得较难(周文华 2009),采用启动范式对韩语母语者在口语产出中的句法启动效应进行研究,更有利于探讨句法启动在句式教学与练习中的作用条件,其结果可直接服务于韩国学生的语法教学。选择中级水平的二语学习者是因为,已有研究在二语水平如何影响句法启动效应的问题上仍存在较大争议,较多研究关注对初级水平和高级水平二语学习者的启动效应(李荣宝 2006;王敏 2009),对中级水平的二语学习者关注较少,研究基础不多。而中级二语水平的学习者具备一定的词汇量,能够自由进行语义表达,但二语水平又具有较大的提升空间和需求,因而本研究选择中级水平的汉语二语者作为被试。汉语水平的确定方式如下:首先参考所在班级使用的教材(词汇量在 1500～2500 个)、HSK 成绩等,从京大学的韩国留学生中初选通过 HSK 四级和五级的中级汉语学习者;然后参考刘颂浩(1995)的二语水平测试完形填空,自编了一份长度为 301 字、采用等距方式形成 30 个完形填空的测试卷。在实验之前以 300 名不同国别留学生为被试对该测试卷进行的检验结果显示:测试卷的平均得分为 18 分(满分 30),KR20 信度系数为 0.87,以 HSK 或预科考试(CSC)成绩为效标进行的效度检验结果显示:该试卷的测试结果与二者均存在显著相关($r_1=0.69, p<0.001; r_2=0.75, p<0.001$),说明该测试卷的难度、内部一致性、在区分和测评汉语二语者汉语水平方面的有效性都较高。在本次实验中,我们利用该测试卷对初选的学生进行测试,将成绩分值在 10～20 分的被试评定为中级汉语水平。所有被试均无视觉、听力和口语表达障碍,实验后均得到一定的报酬。

2.3 实验材料

本实验采用已有实验研究中较为成熟的启动条件下的口头句子补全范式。实验材料的编制程序如下:(1)确定句式结构。根据句法启动实验的典型范式,遵循"可互换性"原则,并根据韩国学生的汉语句法学习特点,选择双宾语结构"$S+V+给+NP_1+NP_2$"("V 给")和与格结构"$S+V+NP_2+给+NP_1$"("V ＊ 给")这两种韩国学生使用频率较低且均表达给予类双及物语义的句法结构作为启动句结构。对于这两类结构句式频率高低的判断,由于可供参考的研究较少,我们利用北京语言大学现代汉语语料库(BCC),检索出包含"V 给"的结构搭配 6605 例,"V ＊ 给"结构搭配 8288 例。由于该语料库属于未经标注的生语料库,所以在此基础上进行人工筛选,最终得到双宾与格"V 给"结构搭配 142 例,介宾与格"V ＊ 给"结构搭配 129 例,对此进行二项检验发现两种结构的频率差异显著($Z=2.69, p<0.05$),即"V 给"结构显著高于"V ＊ 给"结构,所以相比于"V ＊ 给"结构,"V 给"为高频结构。(2)确定能进入这两种结构中的动词。我们通过语料库检索以及人工评定的方式,对编写实验材料所选取的动词进行了归纳整理和难度筛选。首先利用北京语言大学现代汉语语料库(BCC)检索"V 给"和"V ＊ 给"结构包含的动词搭配情况;而后基于朱德熙(1979)、沈家煊(1999)和张伯江(1999)的研究,确定了能同时进入以上两种给予类双及物结构的动词;最后参考《HSK 考试大纲》(孔子学院总部、国家汉办编制 2015)对词汇难度进行评定,从中筛选出 30 例适合本研究难度的动词用于后续实验

材料编写。(3)编制启动句和目标句。采用筛选出的30个动词编写启动句和目标句,句中其他词语难度参考《HSK考试大纲》(孔子学院总部、国家汉办编制2015)中的四级词汇进行控制;启动句和目标句句长参考短时记忆长度相关研究(张晓东2014;唐瑜婷、陈宝国2014)和被试所使用教材的平均句长,控制在11~15字。(4)编制填充句。为避免句式单一导致被试形成反应策略,我们设置与两种启动句频率接近的无关探测句作为实验填充材料,主要包含兼语句、"是……的"强调句和存现句三种汉语特殊句式(李愚中2014)。实验材料示例如下:

表1 实验一实验材料示例

材料类别	句法结构类型	启动句示例	目标句句子片段及补全任务提示
实验材料	V给	服务员递给我一杯热咖啡。	提示词语:好朋友 寄 一份礼物 给 补全任务:我＿＿＿＿＿＿。
	V*给	丈夫买一个名牌钱包给妻子。	提示词语:给 一张门票 送 男朋友 补全任务:她＿＿＿＿＿＿。
填充材料	"是……的"句	大家是昨天参加期末考试的。	提示词语:是 学习汉语 来北京 的 补全任务:留学生＿＿＿＿＿＿。
	兼语句	老师鼓励我们练习汉语发音。	提示词语:告诉我 好消息 你 很感谢 补全任务:我＿＿＿＿＿＿。
	存现句	学校对面是一家中国银行。	提示词语:楼下 一对老夫妻 住进来 补全任务:我家＿＿＿＿＿＿。

由于每个启动动词都构成两种双及物结构,因而30个动词编写出60句双及物启动句,再加上30句填充材料,通过对实验材料的呈现顺序进行伪随机,确保同一启动结构不连续出现3次以上,启动句动词和目标句动词不重复。所有材料采用听力方式呈现,听力材料由一位普通话标准、语速适中的汉语母语者朗读并录音。

2.4 实验程序与任务

实验开始前3天,将实验材料中相对偏难的词语发给被试,要求被试对未掌握的词语进行学习。在当天的正式实验之前,首先进行词汇认读,确保句中词语理解无障碍,然后每个被试在隔音的实验室中开始实验。实验仪器为14英寸笔记本电脑,采用Microsoft PowerPoint听觉呈现启动材料,主试对被试的实验过程全程录音。

实验程序如下:被试首先进行6个试次的练习,以适应启动材料听觉呈现的节奏。正式实验时,首先呈现红色注视点"+"150ms,接着听觉呈现启动句,每句播放时长为5秒左右。而后屏幕中央呈现一道简单的数学加减计算题进行掩蔽,以防止被试对材料的回忆,被试有5秒的时间进行运算并口头回答。回答完毕后,屏幕上呈现乱序的句子片段和目标句句首提示词,这些片段可形成语义相近但结构不同的句子,被试完成口头句子补全任务,将看到的片段补全为一个句法和语义正确的句子。句子片段材料采用随机、乱序方式呈现,确保相邻句子片段间不存在直接的句法和语义关系,以避免被试形成反应策略。实验耗时约30分钟,中途无休息。实验完成后,对被试就实验中完成任务的过程进行访谈。

2.5 结果与分析

由于供被试补全的句子片段可构成语义相近、结构不同的目标句,在提供启动句且待补全的句子片段给定的条件下,如果被试所产生的目标句与之前的启动句句法结构相同,且句子正确,则视为出现了启动效应;如果被试选择了非启动句结构进行产出,或选择了启动结构但产出的句子错误(例如,虽然使用了"V*给"结构,但NP_1和NP_2位置错误),均视为未能成功启动。我们以出现启动效应的目标句数量进行计算。首先,针对每个被试,统计其两种结构启动条件下成功启动的句子数量;然后,计算母语和二语被试在两种结构条件下启动数量的均值,并根据均值加减2.5个标准差,对收集的数据进行极端值的筛选;而后,采用均值插值法,对筛选出的极端数据进行替换(被替换的数据共1条);最后将产生句法启动效应的目标句数量除以该水平下的目标句总数,计算出该条件产生句法启动效应的目标句比率,结果见下表。

表2 实验一产生句法启动效应的目标句数量及比率统计表

被试类型	V*给		V给	
	数量(标准差)	比率	数量(标准差)	比率
中	290(9.10)	48.3%	450(3.96)	75.0%
韩	254.25(3.27)	42.4%	388(4.31)	64.7%

采用SPSS26.0软件对启动结构和被试类型进行了两因素重复测量方差分析,结果显示:结构类型的主效应显著($F(1,38)=25.43, p<0.0001, \eta_p^2=0.4$),"V给"的结构启动效应显著强于"V*给";被试类型的主效应显著($F(1,38)=4.81, p=0.034, \eta_p^2=0.112$),汉语母语被试的启动句数量显著高于韩语母语者;结构类型和被试类型的交互作用不显著($F(1,38)=0.2, p>0.05$)。

根据以上数据分析,我们发现:在两种启动结构之间,对于汉语母语者和韩语母语者而言,"V给"的结构启动效应均强于"V*给",我们认为这和被试的句式使用偏好有关。前文已述我们利用北京语言大学现代汉语语料库(BCC)检索发现,对于汉语母语者而言,"V给"结构的句式使用倾向更强。对于汉语二语者而言,参考前人研究,栾育青(2009)从北京语言大学留学生汉语中介语语料库中抽取出来927个含"给"的句子,发现"给"用于"给V"结构的例句510个,用于"V给"结构的例句140个,而用于"V*给"结构的例句只有3个；周文华(2009)整理了南京师范大学中介语偏误信息语料库(韩国部分)中"给"字句的使用情况，发现在中级水平的20万字语料库中，"给V"结构占比54.49%，"V给"结构占比7.57%，"V＊给"结构占比2.7%。这些都说明对于韩语母语者而言，"给V"结构的使用频率最高，"V给"结构次之，"V＊给"结构使用频率最低。因此对于汉语母语者和二语者而言，相比于"V＊给"结构，"V给"的使用频率均更高，被试在产出时更容易选择"V给"结构，其启动效应也更强。

而在两组被试之间，我们发现：在高频的"V给"结构和低频的"V＊给"结构启动条件下，汉语母语者的启动效应均强于韩语母语者，这或许和被试对结构的熟悉度有关。因而我们从被试的产出情况入手，整理了中韩被试在两种结构启动条件下未能成功启动时的产出情况，按照各类型产出的数量除以其未启动的总句数，计算各产出类型在未启动条件下的所占比率，统计结果见下表。

表3　单句高频"V给"未启动时产出类型比率表

被试类型	V＊给	给V	错句
中	46.4%	53.6%	0
韩	27.4%	64.6%	8%

表4　单句低频"V＊给"未启动时产出类型比率表

被试类型	V给	给V	错句
中	81.9%	18.1%	0
韩	47.8%	43.6%	8.6%

根据上表我们不难发现，韩语母语者在产出时选择启动句结构以外的第三类双及物结构"给V"的情况较多。结合栾育青(2009)和周文华(2009)的调查，对于二语者而言，在上述三类表达给予类的双及物结构中，"给V"的使用频率最高，"V＊给"的使用频率最低。虽然"V给"结构相对于"V＊给"结构是高频结构，但与"给V"结构相比仍属低频，因而韩语母语者对该结构的熟悉度较低。再结合产出的偏误情况，韩语母语者产出了"V给"结构框架正确而NP_1和NP_2位置颠倒的错句，如"一班输给一场足球赛二班""班长转发给放假通知我们"，这些错句说明韩语母语者对实验中相对高频的"V给"启动结构掌握得还不够完善。因此，结合前文分析，我们认为汉语母语者对两类启动结构的熟悉性均大于韩语母语者，在产出中也更容易选择启动句式，所以汉语母语者在两种结构启动条件下的启动效应均强于韩语母语者。

总体来说，在实验一单句无语境条件下，我们发现了句式频率对两组被试的启动效应的影响，受到被试句式选择偏好的影响，高频结构的启动效应更强；而与汉语母语者相比，韩语母语者的启动效应在两种启动结构下均较弱。那么在语篇语境条件下，不同频率的双及物结构之间,其启动效应差异是否与单句条件相同?语篇语境条件下两组被试的启动效应又会否发生变化?接下来,我们考察语篇语境条件对汉语二语者双及物结构句法启动效应的影响。

三 实验二:语篇语境条件下汉语二语者双及物结构句法启动效应研究

3.1 实验设计

实验仍采用2×2的两因素混合设计:第一个自变量被试类型为被试间因素,包括汉语母语者和中级汉语水平的韩语母语者;第二个自变量启动句类型为被试内因素,包括两种与格结构"S+V+NP$_2$+给+NP$_1$"("V*给")和"S+给+NP$_1$+V+NP$_2$"("给V")。考虑到实验一中我们选取的两种双及物结构"V*给"和"V给",对韩语母语者而言使用频率均较低,因而在本实验中,我们将"V给"结构调整为使用频率最高的"给V"结构,以便全面考察不同频率句式对被试启动产出情况的影响。因变量为出现启动效应的目标结构句的数量,正确启动的计算方法同实验一。

3.2 被试

汉语母语者被试为中国本科生或研究生,共18名,普通话标准;二语者被试为中级汉语水平的在华韩国留学生,共23名。二语者被试的中级汉语水平评定方式同实验一。所有被试均无视觉、听力和口语表达障碍,实验后均得到一定的报酬。

3.3 实验材料

本实验仍采用口头句子补全范式。实验材料的编制程序如下:(1)确定句式结构。在实验一的基础上,遵循"可互换性"原则,选择了"给V"和"V*给"两种双及物与格结构作为启动句结构。我们以前人文献为依据判定这两类结构的句式频率高低,周文华(2009)对60万字汉语语料进行了统计,发现在双及物结构中"给V"结构占比66.73%,为高频使用结构;冯浩(2016)利用北京语言大学BCC语料库考察"给V"和"V给"时也发现,"给V"结构的使用频率是"V给"结构使用频率的3倍;另外,常辉(2014)指出汉语是修饰语左向语言,在汉语中"给V"结构更基本、更常见,输入比例更高。所以对于汉语母语者而言,三种双及物结构之间"给V"结构的使用频率最高,"V给"结构次之,"V*给"结构使用频率最低,这一频率分布与前文所述韩语母语者对双及物结构的使用倾向一致。(2)确定进入这两种结构中的动词。动词筛选过程同实验一,最终确定了能够同时进入上述两种与格结构并且词汇难度合适的9个动词(留、写、介绍、买、收、带、取、寄、发)。(3)编制启动句和目标句。采用以上9个动词编写启动句和目标句,句中其他词语难度参照《HSK考试大纲》(孔子学院总部、国家汉办编制2015)中的四级以下词汇进行控制;启动句和目标句句长均控制在11个字左右。(4)编制语篇材料。材料语篇的整体难度控制参考《新汉语水平考试真题集HSK(四级)》(国家汉办、孔子学院总部编制

2012)中的听力和阅读材料。语篇内句子长度参考 HSK 四级真题确定,平均句长控制在 11 个字左右;语篇长度控制为 5 句,除启动句外,语篇内其他句子均不是启动句句式结构,每段语篇共计 52～57 个字符数(不包括标点符号)。为避免首因效应(primacy effect)和近因效应(recency effect)的影响(Nipher 1878),启动句均位于语篇的中部位置,也即语篇中的第 3 句。实验材料示例如下:

表 5 实验二实验材料示例②

动词	启动结构	语篇材料示例	目标句句子片段及补全任务提示
留	给 V	小美想去同学家做作业,可是妈妈还没下班回家,所以她给妈妈留了一张纸条,担心妈妈找不到自己会着急,她把纸条贴在了门口。	提示词语:给 寄 好朋友 一本书 补全任务:小李_____。
	V＊给	奶奶年纪大了记不住东西,教她用微信的方法她总忘,所以我写了一份说明给奶奶,把每一种方法都画下来,这样奶奶就不会再忘了。	提示词语:给 买 女朋友 一束花 补全任务:小王_____。

由于每个启动动词都构成两种双及物结构,相应地构成 2 段语篇,因而我们将选定的 9 个动词均重复使用一次,共编写出 36 段语篇作为实验材料,考虑到实验强度问题,我们通过拉丁方编排形成了 3 套语篇材料,每名被试只随机抽取 1 套材料,也即每名被试只加工了 12 段语篇。所有听力材料由一位普通话标准、语速适中的汉语母语者朗读并录音。

3.4 实验程序与任务

与实验一的不同之处在于:听觉呈现的启动材料为包含启动句的语篇材料,每段语篇播放时长为 20 秒左右,而后屏幕中央呈现一道简单的是非问阅读理解题进行掩蔽,以引导被试认真阅读并防止对材料的回忆,被试有 5 秒的时间进行口头回答。其他实验程序同实验一。

3.5 结果与分析

首先,我们对被试的数据进行了初步整理,根据阅读理解题的回答正确率,剔除了正确率未达到 60% 的 3 名韩语母语被试,我们认为他们对听力材料的理解程度较低,未能达到实验要求;此外,实验中有 2 名韩语母语被试只采取"给 V"结构进行产出,在访谈时表示未接触过"V＊给"结构,不知道这种用法是正确的,考虑到实验考察的是被试对已学结构的运用情况,而非学习过程,因而剔除这 2 名被试,最终 18 名被试的有效数据参与统计分析。而后,我们以出现启动效应的目标句数量对启动结果进行计算,具体步骤同实验一,对筛选出的极端数据进行替换后(被替换的数据共1条),计算得到各条件下产生句法启动效应的目标句比率结果见下表。

表6 实验二产生句法启动效应的目标句数量及比率统计表

被试类型	V*给		给V	
	数量(标准差)	比率	数量(标准差)	比率
中	16(0.99)	14.8%	77(1.79)	71.3%
韩	25.61(1.21)	23.7%	86(1.27)	79.6%

采用 SPSS26.0 软件对启动结构和被试类型进行两因素重复测量方差分析,结果显示:结构类型的主效应显著($F(1,34)=77, p<0.0001, \eta_p^2=0.69$),结合表6可知"给V"的启动效应显著高于"V*给";被试类型的主效应显著($F(1,34)=5.04, p=0.03, \eta_p^2=0.13$),韩语母语者的启动效应显著强于汉语母语者;结构类型和被试类型的交互作用不显著($F(1,34)=0.09, p>0.05$)。

根据以上数据分析,我们发现:对两种启动结构而言,"给V"的启动效应均强于"V*给",对汉语母语者和韩语母语者均如此。这是由于两组被试的句式使用偏好一致,如前文所述,对于汉语母语者和韩语母语者而言,"给V"结构的使用频率均高于"V*给"结构,因而被试在产出时更容易选择"给V"结构,其启动效应也更强。

就两组被试而言,我们发现:在高频的"V给"结构和低频的"V*给"结构启动条件下,韩语母语者的启动效应均强于汉语母语者,这一点与实验一中两组被试的启动效应差异相反。因而我们整理了中韩被试在语篇条件下未能成功启动时的产出情况,分析两种语境条件下被试间差异发生变化的原因。按照各类型产出的数量除以其未启动的总句数,计算各产出类型在未启动条件下的所占比率,统计结果见下表。

表7 语篇高频"给V"未启动时产出类型比率表

被试类型	V*给	V给	其他
中	48.4%	45.2%	6.4%(空缺)
韩	90.8%	4.6%	4.6%(错句)

表8 语篇低频"V*给"未启动时产出类型比率表

被试类型	给V	V给
中	83.7%	16.3%
韩	100.0%	0

根据未启动时的产出情况,我们可以发现:在两种句式启动条件下,汉语母语者运用

启动结构之外的第三类"V 给"双及物结构进行产出的比例都远高于韩语母语者,韩语母语者只有在"给 V"结构未启动时产出了 1 句"V 给"结构(占比 4.6%),而汉语母语者在"给 V"结构未启动时选择第二种启动结构"V * 给"和实验中未呈现的第三种"V 给"结构的比例相当,说明汉语母语者句式使用的自主性更强,句式结构的选择更多样,因此汉语母语者对启动结构的依赖性更弱。另外,虽然对韩语母语者和汉语母语者而言,高频"给 V"结构的使用倾向都更强,但韩语母语者除了受到汉语句式频率的影响外,还受到韩语 SOV 语序的影响,母语中句式结构的迁移作用使得韩语母语者在产出中更多地使用"给 V"结构,因而韩语母语者在"给 V"结构启动时的启动效应也更强。

总体来说,在语篇语境条件下,我们发现了句式频率在两组被试间均影响启动效应,与实验一结果相同的是:受到被试句式使用偏好的影响,高频结构的启动效应更强;而与实验一不同的是:在语篇语境条件下,与母语者相比,二语者在两种结构下的启动效应均更强。接下来,综合两个实验的结果,我们探究句式频率和语境条件对启动条件下汉语二语者句子产出的影响。

四 综合讨论

本研究基于汉语第二语言句法学习与教学的实际,从启动句所处的不同语境条件入手,在两项启动实验中分别采用汉语中表达相近语义但结构不同的双及物句为材料,探究在不同语境条件下(单句无语境、语篇语境),不同双及物结构启动句的句式频率对韩语母语的汉语二语者和汉语母语者句法启动效应的影响,考察语境条件和句式频率在韩语母语的汉语二语者和汉语母语者句法启动过程中的互动关系。研究发现句式频率、语境条件在不同被试之间影响句法启动的方式有所不同:在单句无语境条件下,汉语母语者的启动效应更强;而在语篇语境条件下,韩语母语的汉语二语者的启动效应更强;在两种语境条件下,对两组被试而言,高频句式结构的启动效应始终强于低频句式。下面我们结合已有的相关研究结果和实验后的访谈材料,对句式频率和语境条件在启动中的影响进行讨论。

4.1 句式频率对启动效应的影响

就句式频率而言,在本研究中我们发现,句式频率的判定标准和方式不同,这些判定结果的作用也不相同。具体来说,影响二语者句子理解与产出的句式频率可以分为句式绝对频率、句式相对频率和母语句式频率三类。

首先,句式绝对频率是以使用中的数量为标准的判定。对汉语母语者而言,周文华(2009)调查发现在四类双及物结构中,"给 V"结构具有绝对的高频使用优势;冯浩(2016)通过北京语言大学现代汉语语料库(BCC)考察,发现"给 V"结构的使用频率是"V 给"结构的 3 倍。因此在汉语母语者的使用中,"给 V"结构的使用频率占绝对优势。对韩语母语的汉语二语者而言,栾育青(2009)调查发现二语者在产出中高频运用"给 V"结构,而极少运用"V 给"结构;周文华(2009)整理了南京师范大学中介语偏误信息语料库(韩国部分)中"给"字句的使用情况,发现在中级水平的20万字语料库中,"给 V"结构占比54.49%,"V 给"结构占比7.57%,"V∗给"结构占比2.7%。因此总的来说,汉语母语者和韩语母语的汉语二语者在上述三类双及物结构上的使用倾向由强到弱依次为:"给 V">"V 给">"V∗给",其中"给 V"结构占了绝对优势,是语言产出中最常用的结构。这种绝对频率体现的是语言使用者在语言自然运用中的使用经验和倾向。

其次,句式相对频率是指研究或教学中所选择的结构之间相比较而得到的频率高低。如在本研究的实验一中,我们选择了"V 给"和"V∗给"这两类结构,就绝对频率而言,它们对于汉语母语者和二语者来说都是低频结构,因为其使用频率都远低于高频的"给 V"结构,但两者比较来说,"V 给"结构的频率高于"V∗给",我们利用 BCC 语料库检索及检验发现"V 给"结构的频率显著高于"V∗给"结构,周文华(2009)和栾育青(2009)对二语者语料的分析也发现相比于"V∗给"结构,"V 给"结构为高频结构。因此在实验一中,两种实际出现频率均较低的结构启动时,中韩被试在相对高频的"V 给"启动条件下启动效应更强。结合我们梳理的未能成功启动时被试的产出情况,不难发现,在实验一中,中韩被试在产出时还受到句式绝对频率的影响,即便是在相对高频的"V 给"启动条件下,相比于另一类低频"V∗给"启动句,被试仍较多运用实验中未呈现但在实际使用中绝对高频的第三类"给 V"结构进行产出(参见表3,汉语母语者53.6%,韩语母语者64.6%)。Segaert et al.(2011)通过考察英语主动句和被动句的启动效应,发现被试对启动句结构的选择偏好是影响句法启动效应的关键决定因素。冯浩(2016)也指出被试在选择句法结构进行产出时,语言经验及基于经验所形成的句法频率信息作用更大。由此可见,对于中韩被试而言,一方面,两种启动结构的相对频率影响其启动效应的强弱,实验中我们发现相对频率越高,启动效应也越强;另一方面,句式的绝对频率分布也影响着被试产出,绝对频率更多地体现说话者的语言使用经验,即使绝对高频的结构未出现在实验呈现的启动句中,其使用倾向仍会在很大程度上影响被试在产出时对句法结构的自主选择。

最后,母语中的句式频率是指对二语者而言,除了目的语中句式的绝对频率和相对频率以外,还有对应结构在母语中的频率。在本研究中,韩语母语者在语篇语境条件下"给 V"结构的启动效应较强,不仅受到汉语句式频率的影响,还与韩语中的相关句式有关。具体情况如下:

S1("V∗给"):

中:S+V+NP_2+给+NP_1　我寄一份礼物给他。

韩:S+NP_1+给+NP_2+V　나는 그에게 선물을 하나 보냈다.(我 他 给 礼物 一份 寄)

S2("V 给")：

中：S＋V＋给＋NP₁＋NP₂　我送给他一份礼物。

韩：S＋NP₁＋给＋NP₂＋V　나는 그에게 선물을 하나 주었다.（我 他 给 礼物 一份 送）

S3("给 V")：

中：S＋给＋NP₁＋V＋NP₂　我给他买一份礼物。

韩：S＋NP₁＋给＋NP₂＋V　나는 그에게 선물을 하나 사주었다.（我 他 给 礼物 一份 买）

　　通过梳理汉语双及物结构句式在韩语中的对应情况，可以发现韩语的相应语序均为"S＋NP₁＋给＋NP₂＋V"，因此韩语母语者在用汉语产出时倾向于将"给"置于动词前，选择"给 V"结构，实验二中他们在"给 V"结构下的启动效应显著强于汉语母语者，应该是来自汉语句式高频和母语句式高频效应的叠加。另外，我们通过分析被试产出的偏误语料，发现韩语母语者产出了较多如"小王借同屋给一本汉语书""老师分配我们班给两台电脑""服务员递我给一杯热咖啡"等偏误句，这类偏误句在所有产出偏误句中占34％，是韩语母语者的主要产出偏误类型。而正如华相（2009）对韩国留学生关于介词"给"的中介语语料进行分析时指出的，韩语作为黏着语，有着丰富的助词而没有介词，在韩语中与汉语介词"给"相对应的是与格助词"에게"，但与汉语介词位于名词前不同，韩语的助词处于体词后面，这种差异导致的母语负迁移是引起韩国学生介词"给"错序偏误的主要原因。因此我们认为韩语母语者之所以产出"服务员递我给一杯热咖啡"这类偏误句，可能是因为受到韩语母语负迁移的影响，把"给"误放于"NP₁"后，从而将汉语中的"给我"混淆为韩语语序的"我给"。此外，我们还发现有部分韩语被试受到韩语母语动词位于句尾的语序影响，产出了动词位于句末的偏误句，如"队长给队员这个计划交代""这本书给读者新观念传递"等，此类偏误句在所有的产出偏误句中占22％，是另一主要偏误类型，这也从另外一个角度证明了韩语母语被试在句法产出中会受到韩语母语双及物句式的影响。

　　综合上述分析可以看出，在句法启动过程中，两种启动句的相对频率影响被试在产出时的句式使用，高频结构更易被选择，因而启动效应更强；句式在实际使用中的绝对频率也影响被试句子产出中的自主性，他们可能选择启动中未呈现的语义相近而结构不同的第三类高频结构；对汉语二语者来说，目的语句式频率与母语句式频率共同作用于他们的句法结构选择过程。这也提示研究者在判定和分析频率对语言加工与学习的作用时，应准确表达、客观分析频率的概念和操作方式。

　　在本研究的两个启动实验中，我们发现高频结构的启动效应始终强于低频结构，这一点在两组被试间、不同语境条件下保持一致，通过对数据和学习者产出句子的分析，我们认为高低频结构的启动效应机制不完全相同：高频结构下的启动效应更多体现的是被试的使用偏好,而低频结构下才更多来自启动结构的效应。就高频结构而言,汉语母语者在单句的"V给"条件下启动效应强于韩语母语者,是由于汉语母语者对"V给"结构更熟悉、掌握程度更高,句式使用偏好强于韩语母语者;同样地,在语篇的"给V"条件下,韩语母语者的启动效应强于汉语母语者,是因为韩语母语者不仅受到汉语"给V"结构高频使用的影响,还受到母语句式频率的影响,韩语母语者对"给V"结构的使用偏好更强。由此可见在高频结构的启动条件下,被试对该结构的使用偏好越强,其启动效应也就越强。而低频结构下的启动效应并非如此,对于韩语母语者而言,"V*给"结构的自然使用频率非常低,然而在实验中我们发现单句情况下韩语母语者成功启动"V*给"结构的比例达到42.4%,语篇条件下韩语母语者的启动效应也显著强于汉语母语者,查芸芸、吴思娜(2014)曾指出对于语言水平较低的群体,如二语学习者,由于相应的语言表征正在形成之中,表征较弱,因此更倾向于产出与启动句句法结构一致的句子,启动效应也更加明显。所以韩语母语被试在低频"V*给"结构条件下的启动效应应该是源于对该结构的加工。

4.2 语境条件对启动效应的影响

本研究中的语境条件分为单句无语境和语篇语境,对比两项实验我们发现语境条件虽然影响句法启动效应的强弱,但在两组被试之间的作用方式有所不同。

前一节已述高频结构的启动效应主要受被试自身使用倾向的影响,低频结构的启动效应则更反映启动加工的作用,因而我们聚焦两个实验中共同选取的低频"V*给"结构的启动情况,发现单句无语境条件下该结构的启动率较高(汉语母语者48.3%,韩语母语者42.4%),相比之下语篇语境条件下启动率很低(汉语母语者14.8%,韩语母语者23.7%),可见单句无语境条件更利于被试关注结构,而语篇语境条件下,语篇语义的整合加工会相应分散被试对启动结构的注意。王穗苹等(2006)指出,在语篇理解的过程中,读者要不断地将新信息与背景信息相整合以形成一个连贯的心理表征。鲁忠义、彭聃龄(1990)在考察故事图式的加工机制时,提出被试在对故事理解加工时,通过一级剪辑,只保留了句子的基本意义,而消除了句子的句法形式这类表层形式编码。可见,语篇条件下语境语义的整合会降低学习者对句法结构的关注进而减弱句子产出中的句法启动效应。

不过,对两组被试而言,语篇语境的作用方式有所不同。实验二中语篇条件的结果发现:汉语母语者在语篇语境条件下更注重意义加工,因此在产出中低频"V*给"结构的启动效应很低,只成功启动了16句,而在"V*给"结构未能成功启动的情况下产出了"给V"结构77句,并自主运用启动中未呈现的"V给"结构产出了15句,这说明在语篇条件下,母语被试更注重对语篇信息的加工而较少关注句法结构,因此在产出中更多依赖自己的使用倾向选择句式,产出结果与自然使用的频率比例基本一致。不同于汉语母语者的启动效应模式,韩语母语者在语篇条件下对低频"V*给"的加工更为完善。在单句无语境条件下,韩语母语者在低频"V*给"启动时出现了8.6%的错误,其中一部分是结构与启动句相同而意义匹配错误的句子,如"校长赠送外国朋友给一份礼物",说明韩语母语者虽然受启动效应影响而使用该低频结构,但由于对结构和意义匹配的加工深度不足,导致了使用错误。而在语篇语境条件下,韩语母语者在低频"V*给"启动时偏误率为0,说明语篇中的语义信息可相对促进韩语者对低频句式结构和意义的加工。语篇语用学认为,不同的句式变体表达了不同的信息结构,并以此来实现不同的语篇功能,因而对句法结构的选择要受到语篇因素的制约(苗兴伟 2008)。在访谈中,韩语母语被试也提到在语篇中学习结构可以帮助他们更全面地了解结构的用法规则,更好地掌握结构的使用情境。此外,与汉语母语者比较而言,语篇条件下韩语母语者低频"V*给"结构的启动效应大于汉语母语者,而在单句条件下小于汉语母语者,这表明语篇条件下韩语母语者对低频结构的加工较好,从而导致启动后的使用比例相对高于汉语母语者,进一步证实了语篇信息对韩语者加工低频结构具有促进作用。

总体来说,相比于单句条件,语篇条件下的信息整合削弱了被试对启动结构的关注,因而语篇条件的启动效应总体弱于单句条件下,这一点在不同结构、两组被试之间保持一致。但语篇对启动效应的影响在两组被试间有所不同:对汉语母语者而言,语篇语境的整合加工削弱了他们对于结构信息的提取,被试的产出更多受自身句式使用偏好的影响,句式的绝对使用频率作用更大;而对韩语母语者而言,以汉语母语者为参照,并结合产出偏误率,我们认为语篇信息有助于被试对低频结构的加工,能促进他们更好地掌握和运用低频结构。

五 结语

本研究从二语者对双及物结构的使用问题入手,选取句法启动的实验范式,以汉语母语者为参照,探讨了双及物启动句的不同句式频率和所处的不同语境条件对韩语母语者汉语句子产出中启动效应的影响。研究发现:句式频率有体现实际运用的绝对频率、相比较而形成的相对频率,二语者还有母语中的句式频率,三者在二语句法加工与学习中的作用不同;与汉语母语者相同,在单句和语境条件下,高频启动句的启动效应更强,不过高频结构下的启动效应更多体现的是被试的使用偏好,而低频结构下才更多反映出被试对启动结构的加工;两组被试在单句条件下的启动效应均强于语篇条件下,语篇语义的整合加工消耗了被试对启动结构的认知资源;但是与汉语母语者不同,韩语母语者在语境条件下,对启动句结构与语义的匹配更好,语篇语境促进了被试对结构的正确理解和运用。

根据上述实验结果,我们认为教师可以参考句法加工与产出的影响因素,针对教学的需要,根据句式结构的使用频率来调整其教学的语境条件,提高句法学习效率。(1)对于使用频率很低、学习者不熟悉的结构来说,启动尤其是单句启动条件,可以促进二语学习者对该结构的加工以及在后续句子产出中的使用。基于用法的语言学习理论(usage-based learning approach)认为,频率是习得的关键决定因素,语言习得是基于示例的学习过程,语法规则的构建以句式的输入频率为基础(Ellis 2002)。因此教师在进行低频结构的教学时,可通过加大输入量引导学习者的注意和输出,改善二语者对低频结构的回避情况。(2)就句式频率的作用而言,由于二语者还受到母语句式频率的影响,因而在教学过程中,教师应引导学习者分析母语和目的语之间的异同,尤其要注意母语和目的语之间相似、相关但不对应的情况,引导发挥母语的正向迁移作用。(3)就语境条件而言,在进行句式结构教学时,教师要注意单句和语境的不同作用,单句呈现方式可避免语篇信息对结构的干扰,强化学习者对句式结构信息的加工和记忆;而在句式运用时则应注意多创设使用情景,采取语篇呈现的操练方式,促进学习者对句式意义和结构的匹配。教师在二语教学中可运用语篇语境引导学生关注句法结构与上下文构成的连贯关系,从而帮助学生培养汉语语感,提升语言使用的得体性,减少句式该用而不用、不该用而错用的情况出现。

在访谈中我们发现,韩语母语者对不同类型的双及物结构缺乏系统的认识,有部分被试提到:"我们在韩国学习汉语的时候,老师只让我们记住'谁给谁送什么东西'这种,所以我看到'给'就先放到主语后面,在考试写作文的时候也只用这一种,课本里关于这个的讲解也很少;但来到中国以后我才发现原来其他的说法也是对的,原来中国人也可以这样说。"可见二语被试难以区分"给"作为介引对象的标记和作为实义动词的区别。王建勤(1997)曾指出:"当学习者面对大量目的语输入,一时不能完全消化吸收时,普遍会将其简化为一种简单的系统。特别是当学习者把注意力放到表达内容而不是语言形式上时,这种简化情形更突出。"正是由于学习者未能系统习得不同类型的双及物结构,只是从句式表达的给予义进行理解,从而将介词"给"简化为动词"给",造成了各类句式运用上的混淆和偏误。另外,孟祥芳(2009)对厦门大学海外教育学院的汉语教师发放问卷调查双宾结构的教学情况,发现有90%的教师在教学中都发现了留学生在学习双宾结构时会出现偏误,但是没有人对双宾结构进行过系统和深入的讲解,也没有人在教学中对双宾结构跟其他相近的结构进行对比教学,甚至有80%的教师表示在课堂上没有讲解过带"给"字的双宾结构。这提示我们在进行句法教学时,要加强句式辨析和句式变换的训练,帮助学习者系统掌握同类相关句式,促使学习者加快从以语义为基础的句式加工方式转向句法和语义结合的认知处理方式,从而引导学习者增强句式辨析和句式变换的意识,更加灵活、准确地运用所学句法结构。

注　释

① 本段中的偏误语料来自北京语言大学 HSK 动态作文语料库。
② 说明:表中的启动句加下划线只是为了便于读者理解,在正式实验中没有任何提示。

参考文献

蔡春玉(2007)《基于对比的朝鲜族学生双宾结构习得偏误研究》,延边大学硕士学位论文。

常　辉(2014)母语为英语和法语的学习者对汉语双宾句及其与格转换结构的习得研究,《语言文字应用》第2期,96—106页。

冯　浩(2016)《汉语母语者和二语者言语产生和理解中句法框架作用研究》,北京师范大学博士学位论文。

国家汉办、孔子学院总部编制(2012)《新汉语水平考试真题集HSK(四级)》,商务印书馆。

孔子学院总部、国家汉办编制(2015)《HSK考试大纲》,人民教育出版社。

何晓炜(2008)双及物结构句式选择的制约因素研究,《语言教学与研究》第3期,29—36页。

华　相(2009)韩国留学生习得介词"给"的偏误分析及教学对策,《暨南大学华文学院学报》第1期,24—29页。

李荣宝(2006)跨语言句法启动及其机制,《现代外语》第3期,275—283页。

李愚中(2014)《韩中汉语教材句型统计分析》,上海交通大学硕士学位论文。

刘丹青(2001)汉语给予类双及物结构的类型学考察,《中国语文》第5期,387—398页。

刘颂浩(1995)汉语等距离完形填空测试报告,《世界汉语教学》第2期,85—93页。

鲁忠义、彭聃龄(1990)故事图式在故事理解中加工机制的初步实验研究,《心理学报》第3期,247—254页。

鲁忠义、熊　伟(2001)语境作用机制研究,《河北师范大学学报(教育科学版)》第4期,50—56页。

栾育青(2009)中介语中两种"给"字句的误用及教学对策,《语文学刊》第11期,140—143页。

孟祥芳(2009)《初级阶段外国学生汉语双宾结构习得偏误的分析与研究》,厦门大学硕士学位论文。

苗兴伟(2008)语篇语用学：句法结构的语篇视角,《外国语(上海外国语大学学报)》第5期,30—36页。

朴志炫(2014)《汉韩双及物结构对比》,北京大学硕士学位论文。

沈家煊(1999)"在"字句和"给"字句,《中国语文》第2期,94—102页。

唐瑜婷、陈宝国(2014)工作记忆、语境限制强度和句子长度对二语词汇学习的影响,《心理科学》第3期,649—655页。

王建勤(1997)《汉语作为第二语言的习得研究》,北京语言大学出版社。

王　敏(2009)语言水平及任务类型对第二语言产出中结构启动的影响,《现代外语》第3期,276—286页。

王穗苹、陈烜之、杨锦绵、吴　岩、王瑞明(2006)阅读中文时信息整合的即时性,《心理学报》第5期,645—653页。

杨　洁、张亚旭(2007)句子产生中的句法启动,《心理科学进展》第2期,288—294页。

查芸芸、吴思娜(2014)汉语句法启动效应实验研究,《语言教学与研究》第1期,13—19页。

张伯江(1999)现代汉语的双及物结构式,《中国语文》第3期,175—184页。

张晓东(2014)短时记忆、工作记忆及词汇知识对二语接收性言语技能的影响,《外语界》第5期,38—47页。

周文华(2009)韩国学生"给"及相关句式习得研究,《对外汉语研究》第1期,66—79页。

朱德熙(1979) 与动词"给"相关的句法问题,《方言》第 2 期,81—87 页。

Bock, J. K. (1986) Syntactic persistence in language production. *Cognitive Psychology*, 18 (3), 355—387.

Ellis, N. (2002) Frequency effects in language processing: A review with implications theories of implicit and explicit language acquisition. *Studies in Second Language Acquisition*, 24 (2), 143—188.

Jackson, C. N. & Ruf, H. T. (2017) The priming of word order in second language German. *Applied Psycholinguistics*, 38(2), 315—345.

Nipher, F. E. (1878) On the distribution of errors in numbers written from memory. *Transactions of the Academy of Science of St. Louis*, 3, ccx—ccxi.

Pickering, M. J. & Branigan H. P. (1998) The representation of verbs: Evidence from syntactic priming in language production. *Journal of Memory and Language*, 39(4), 633—651.

Pickering, M. J. & Branigan H. P. (1999) Syntactic Priming in language production. *Trends in Cognitive Science*, 3(4),136—141.

Weiner, E. J. & Labov, W. (1983) Constructions on the agentless passive. *Journal of linguistics*, 19(1), 29—58.

作者简介

高晨阳,北京师范大学汉语文化学院博士生。Email:gcy@mail.bnu.edu.cn。

韩文慧,中国人民大学附属中学教师。Email:hanwenhui@rdfz.cn。

冯丽萍,北京师范大学汉语文化学院教授,博士生导师,本文通信作者,主要从事汉语第二语言学习与教学研究。Email:fengliping@bnu.edu.cn。

不同类型汉字词对韩国
留学生汉语词汇习得的影响[*]

洪 炜 崔守延

中山大学中文系

提 要 韩语中存在大量源于汉语的汉字词,但经过长期使用和演变,这些汉字词与对应的现代汉语词主要形成了六种不同的对应关系,即同形同义、同形部分异义、同形完全异义、异形同义、部分同素近形同义和全同素近形同义。本研究考察这些不同类型汉字词对中高级韩国留学生汉语词汇习得的影响。研究结果表明:(1)无论对于汉语为中级水平还是高级水平的韩国留学生,同形部分异义词的理解和产出难度均最高,而异形同义词和同形同义词的理解和产出难度则相对较低,全同素近形同义词、同形完全异义词和部分同素近形同义词的难度居中;(2)随着汉语水平的提高,学习者对六类词语的整体理解和产出均有不同程度的提高,但直至高级水平阶段,同形部分异义词对韩国留学生而言依然具有较高难度。

关键词 韩国留学生 汉字词 习得难度

一 引言

韩语中存在大量汉字词。这些汉字词虽来源于汉语[①],但经过长期使用和演变,不少汉字词的形、义与其最初传入时相比发生了很大的变化(桂香 2016;姜飞 2018)。据前人的研究,现存韩语中的汉字词与对应的现代汉语词语存在多种对应关系(奇化龙 2000;王庆云 2002;全香兰 2004;甘瑞瑷 2006;赵杨 2011;孟柱亿 2012;桂香 2016;姜飞 2018),概括起来主要包括以下六种:

(1)同形同义,这类词语在韩汉两种语言中词形相同,词义和词义范围也相同,如"文化、政治、艺术"等词语。

(2)同形部分异义,即词形相同,但词义有所差异。其内部还可分为三种情况。第一

---

[*] 本研究得到国家语委"十三五"科研规划 2018 年度一般项目(YB135-93)的资助。

种是韩义范围较大，如"时间"，除了共同的义项外，韩语中的"时间"还可以指"小时"。第二种是韩义范围较小，如"原来"，在韩语中只有原本、最初的意思，而汉语中还可以表示发现真实情况。第三种是韩汉各有独有义项，如"文章"，韩语和汉语都可以指单篇作品，但在韩语中还可指句子，而汉语则还可以指关于事情的做法和手段，如"在宣传方面做文章"。

（3）同形完全异义，即词形相同，但词义完全不同。如"客气"，在汉语中表示对人谦让、有礼貌，而在韩语中指不必要的发火。

（4）异形同义，即韩语和汉语用完全不同的词语指称同一概念。如韩语的"亲旧"和汉语的"朋友"，韩语的"齿药"和汉语的"牙膏"等。

（5）部分同素近形同义，即韩汉对应词中具有一个相同语素，且两个词词义相同，如韩语的"日气"和汉语的"天气"，韩语的"长点"和汉语的"优点"等。

（6）全同素近形同义，即韩汉对应词的语素相同但语素顺序相反，两个词词义相同，如韩语的"绍介"和汉语的"介绍"等。

不少研究指出，韩语汉字词和现代汉语对应词之间存在的复杂形义对应关系会对韩国留学生汉语词汇习得产生影响。吕菲（2010）通过对韩国学习者汉语中介语语料的分析发现，在表达汉语词时，低熟练度的韩国学习者首先想到的是韩语中的汉字词，并将汉字词的某些词汇特征直接迁移到汉语中，从而产生或形式或意义功能上的偏误。陆姗娜（2017）通过问卷调查与访谈发现，韩国学生在学习汉语词汇的过程中非常依赖汉字词，但自身对可能受汉字词影响而产生偏误的认识不足。一些针对在韩语中有对应汉字词的汉语词汇测试也发现，韩国学生对这类词语的习得并不理想。全香兰（2006）请本科三年级的韩国留学生将100个汉字词翻译成汉语词，正确率不到70%。赵杨（2011）采用多项选择测试手段，进一步考察韩国学生对那些与韩语汉字词构成同形同义、同形异义、异形同义、近形同义关系的汉语词语习得情况，发现答题正确率在55%到86%之间，而韩汉词语之间的相似性和区分度是影响习得的主要因素。但该研究考察对象仅限于中级偏下水平的学生，因此无法看出不同语言水平的韩国学生各类词语的习得变化过程。并且，由于测试中仅采用了选择填空的方式，故主要考察的是学习者的词语理解能力，无法考察其产出能力。此外，我们认为，有必要进一步将同形异义词细分为同形完全异义词和同形部分异义词。由于同形部分异义词的词义在韩汉两种语言中的词义范围存在差异，因此我们推测其习得难度与同形完全异义词可能有所不同。

基于上述研究背景，本文拟在前人研究基础上考察不同类型汉字词对中高级韩国留学生汉语词汇习得的影响。具体来说，本文探讨以下两个问题：(1)与韩语汉字词构成同形同义、同形部分异义[②]、同形完全异义、异形同义、部分同素近形同义、全同素近形同义关系的六类汉语词，其习得难度如何？(2)中级和高级韩国留学生在以上六类汉语词的习得质量上是否存在显著差异？

二 研究方法

2.1 实验设计

本研究采用两因素(6×2)混合实验设计。被试内因素为韩语汉字词和汉语词的对应关系,共六类,即:同形同义、同形部分异义、同形完全异义、异形同义、部分同素近形同义、全同素近形同义;被试间因素为学习者的汉语水平,分为两个水平:中级、高级。

2.2 被试

被试为92名在华学习汉语的中高级韩国留学生。其中汉语中级水平被试46名,高级水平被试46名。被试水平确定主要依据HSK成绩,其中HSK4级达到180分以上且低于220分的视为中级水平组,HSK5级达到200分以上的划入高级水平组。

2.3 实验材料与测量工具

首先从《汉语水平词汇与汉字等级大纲(修订本)》(2001)中选取60个被试在初级阶段已正式学过的甲、乙级词,这些词在韩语中都有对应的汉字词,其中每类词各10个。接着为每个词语分别编写两套测试题。

测试一均为填空题,要求学习者根据句子上下文意思及目标词的韩文书写,翻译填写出正确的汉语词语,该测试旨在考察学习者对各类词语的产出能力。测试题共60题,每类词各10题。例如:

A. 同形同义:

    如果有(　　),请你告诉我。(문제)

[说明:"문제(问题)"在汉韩两种语言中同形同义。]

B. 同形部分异义:

    这只小狗在我们家已经生活了六年,我们都对它很有(　　)。(애정)

[说明:"애정(爱情)"的语义范围比汉语大,除了可以指爱人之间的感情,还可以指对动物、其他事物的喜爱之情。]

C. 同形完全异义:

    每年6—8月大部分学校都(　　)。(방학)

[说明:"방학(放学)"在韩语中是放假的意思,与汉语词义不同。]

D. 异形同义:

    我喜欢跟朋友一起去看(　　)。(영화)

[说明:"영화(映画)"在汉语中对应"电影",与汉语词形完全不同。]

E. 部分同素近形同义:

    我的最大(　　)是英语水平太差。(단점)

[说明:"단점(短点)"在汉语中对应"缺点",与汉语词共有一个相同语素。]

F. 全同素近形同义：

　　他会说很多种（　　　），比如汉语、英语、法语……（언어）

[说明："언어(言语)"在汉语中对应"语言"，与汉语词的两个语素相同但顺序相反。]

测试二为选择题，要求学习者从三个选项中选择一个正确的词语填入句中的空白处。该测试旨在考察学习者对词语的理解能力，共60题，每类词同样为10题。例如：

A. 同形同义：

　　她的汉语发音还有些（　　　），需要多练习。

　　A. 事情　B. 问题　C. 题目

B. 同形部分异义：

　　他很喜欢中山大学，他对中山大学有很深的（　　　）。

　　A. 爱情　B. 态度　C. 感情

C. 同形完全异义：

　　（　　　）时间很长，所以我打算去加拿大旅行一个星期。

　　A. 放学　B. 放假　C. 历史

D. 异形同义：

　　我们星期天下午一起去看（　　　）吧。

　　A. 映画　B. 图画　C. 电影

E. 部分同素近形同义：

　　我要尽快改正我的（　　　）。

　　A. 短点　B. 好处　C. 缺点

F. 全同素近形同义：

　　由于文化水平和职业的不同，他们之间缺少共同（　　　）。

　　A. 言语　B. 口号　C. 语言

为使被试能够完全理解题干和选项，题干和选项中的词语基本控制在甲乙级词的范围内，个别词语为学习者学过的常用丙级词。此外，为了避免题目呈现顺序可能对测试结果产生影响，测试中六类词语的题目呈现顺序进行了拉丁方排列。

2.4　实验程序

要求被试在不查字典的情况下独立完成两份测试题。为了避免测试二对测试一产生提示作用，被试首先完成测试一（产出性测试），随后回收测试题，再进行测试二（理解性测试）。被试答题时间未做严格规定，学生回答完毕后回收试题。测试一平均完成时间约为27分钟（最短18分钟，最长41分钟）；测试二平均完成时间约为21分钟（最短14分钟，最长29分钟）。

2.5　评分标准

产出性测试不要求学生必须完全正确地书写出汉字，不会写的汉字允许用拼音代替。只要能够判断学习者正确使用了汉语词的形式即可得分。每道题回答正确记 1 分，回答错误或不作答记 0 分。每类词满分为 10 分，共计 60 分。理解性测试每题选择出正确答案记 1 分，多选、错选或不选均记 0 分，每类词满分 10 分，共计 60 分。

三　实验结果

3.1　产出性测试结果

分别统计中级、高级水平被试六类词语在产出性测试中的平均成绩，结果如表 1 所示。

表 1　各类词语的产出性测试成绩

		同形同义	同形部分异义	同形完全异义	异形同义	部分同素近形同义	全同素近形同义
中级	平均分	9.70	4.15	7.28	9.17	8.24	6.61
	标准差	0.59	1.63	1.47	0.97	1.43	2.24
高级	平均分	9.87	6.76	8.61	9.72	9.39	8.87
	标准差	0.40	1.62	1.08	0.69	0.74	1.24

为了更直观地显示六类词语得分的差异，我们将上述表格转化为折线图（图 1）：

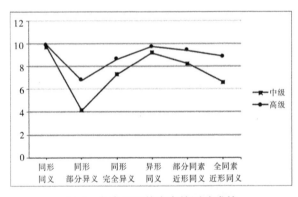

图 1　各类词语的产出性测试成绩

重复测量方差分析结果显示，词语类型的主效应显著，$F(5,450)=179.031$，$p<0.001$，partial $\eta^2=0.665$，这表明韩国留学生六类词语的产出成绩具有显著差异。语言水平的主效应也显著，$F(1,90)=69.92$，$p<0.001$，partial $\eta^2=0.437$，高级水平学习者各类词语的产出成绩显著优于中级水平学习者。此外，词语类型和语言水平之间的交互效应也显著，$F(5,450)=16.410$，$p<0.001$，partial $\eta^2=0.154$。因此，我们进一步进行简单效应分析，分别考察在中级和高级水平条件下，六类词语的产出成绩差异，结果列于表 2 和表 3。

表 2　中级水平学习者六类词语的产出成绩比较

	同形同义	同形部分异义	同形完全异义	异形同义	部分同素近形同义	全同素近形同义
同形同义	/	.000***	.000***	.000***	.000***	.000***
同形部分异义	.000***	/	.000***	.000***	.000***	.000***
同形完全异义	.000***	.000***	/	.000***	.000***	.015*
异形同义	.000***	.000***	.000***	/	.000***	.000***
部分同素近形同义	.000***	.000***	.000***	.000***	/	.000***
全同素近形同义	.000***	.000***	.015*	.000***	.000***	/

注：(*)表示边缘显著，* 表示 $p<0.05$；* * 表示 $p<0.01$；* * * 表示 $p<0.001$。下同。

采用 LSD 方法进行事后多重比较，结果显示，对于中级水平的韩国留学生，六类词语的产出成绩两两之间均具有显著差异，其中同形同义词的成绩最好，显著高于其他五类词语；异形同义词的成绩次之，仅低于同形同义词，但显著高于其他四类词语；部分同素近形同义、同形完全异义词的成绩居第三、第四位，全同素近形同义词成绩居第五位，仅显著高于同形部分异义词，成绩居于末尾的则是同形部分异义词。可见，对于中级水平学习者，各类词语的产出难度排序分别为：同形部分异义词＞全同素近形同义词＞同形完全异义词＞部分同素近形同义词＞异形同义词＞同形同义。

表 3　高级水平学习者六类词语的产出成绩比较

	同形同义	同形部分异义	同形完全异义	异形同义	部分同素近形同义	全同素近形同义
同形同义	/	.000***	.000***	.200	.007**	.000***
同形部分异义	.000***	/	.000***	.000***	.000***	.000***
同形完全异义	.000***	.000***	/	.000***	.001**	.339
异形同义	.200	.000***	.000***	/	.068(*)	.001**
部分同素近形同义	.007**	.000***	.001**	.068(*)	/	.041*
全同素近形同义	.000***	.000***	.339	.001**	.041*	/

如表 3 所示，LSD 事后多重比较结果表明，对于高级水平的韩国留学生，同形同义词和异形同义词学习成绩最好，显著高于其他四类词语的学习成绩。部分同素近形同义词

成绩次之,但仍显著高于全同素近形同义、同形完全异义和同形部分异义词。全同素近形同义词、同形完全异义词成绩之间没有显著差异,二者成绩均显著高于同形部分异义词。可见,对于高级水平学习者,六类词语的产出难度排序为:同形部分异义词＞全同素近形同义词、同形完全异义词＞部分同素近形同义词＞异形同义词、同形同义词。

3.2 理解性测试结果

分别统计中、高级被试六类词语在理解性测试中的平均成绩,结果如表 4 和图 2 所示。

表 4　各类词语的理解性测试成绩

		同形同义	同形部分异义	同形完全异义	异形同义	部分同素近形同义	全同素近形同义
中级	平均分	9.78	6.07	8.37	9.37	8.27	7.43
	标准差	0.63	1.83	1.16	0.88	1.60	1.60
高级	平均分	9.96	8.59	9.33	9.61	9.54	9.02
	标准差	0.21	1.22	0.79	0.61	0.69	1.09

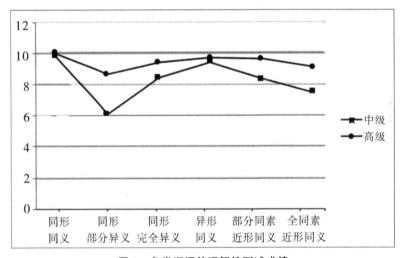

图 2　各类词语的理解性测试成绩

重复测量方差分析结果显示,词语类型的主效应显著,$F(5,450)=83.724,p<0.001$,partial $\eta^2=0.482$,表明韩国留学生六类词语的理解成绩具有显著差异。语言水平的主效应也显著,$F(1,90)=57.441,p<0.001$,partial $\eta^2=0.390$,高级水平学习者词语理解的整体成绩显著优于中级水平学习者。词语类型和语言水平之间的交互效应也显著,$F(5,450)=19.811,p<0.001$,partial $\eta^2=0.180$。为此,我们对六类词语的理解成绩进行简单效应分析,分别考察在中级和高级水平条件下,六类词语的理解成绩差异,结果如表 5 和表 6 所示。

表 5 中级水平学习者六类词语的理解成绩比较

	同形同义	同形部分异义	同形完全异义	异形同义	部分同素近形同义	全同素近形同义
同形同义	/	.000***	.000***	.000***	.000***	.000***
同形部分异义	.000***	/	.000***	.000***	.000***	.000***
同形完全异义	.000***	.000***	/	.000***	0.604	.000***
异形同义	.000***	.000***	.000***	/	.000***	.000***
部分同素近形同义	.000***	.000***	0.604	.000***	/	.000***
全同素近形同义	.000***	.000***	.000***	.000***	.000***	/

如表 5 所示,采用 LSD 方法进行事后多重比较,结果发现:对于中级水平的韩国留学生而言,除了同形完全异义词和部分同素近形同义词之间的成绩无显著差异外,其他类型词语的理解成绩两两之间均具有显著差异。其中同形同义词的成绩最好,显著高于其他五类词语;异形同义词的成绩次之,仅低于同形同义词,但显著高于其他四类词语;同形完全异义词和部分同素近形同义词的成绩分别居于第三、第四位;全同素近形同义词成绩位于第五位,仅显著高于同形部分异义词,成绩居于末尾的则是同形部分异义词。可见,对于中级水平学习者,六类词语的理解难度排序分别为:同形部分异义词＞全同素近形同义词＞部分同素近形同义词、同形完全异义词＞异形同义词＞同形同义词。

表 6 高级水平学习者六类词语的理解成绩比较

	同形同义	同形部分异义	同形完全异义	异形同义	部分同素近形同义	全同素近形同义
同形同义	/	.000***	.000***	.002**	.025*	.000***
同形部分异义	.000***	/	.002**	.000***	.000***	.057(*)
同形完全异义	.000***	.002**	/	.088(*)	.300	.121
异形同义	.002**	.000***	.088(*)	/	.721	.003**
部分同素近形同义	.025*	.000***	.300	.721	/	.017*
全同素近形同义	.000***	.057(*)	.121	.003**	.017*	/

上表的 LSD 多重比较结果显示,对于高级水平的韩国留学生,同形同义词的学习成绩最好,显著高于其他五类词语的理解成绩。异形同义词、部分同素近形同义词的成绩

分别居于第二位、第三位,二者的成绩均显著高于全同素近形同义词和同形部分异义词。同形完全异义词和全同素近形同义词的成绩分别居于第四位、第五位,二者成绩没有显著差异,但均显著高于同形部分异义词。可见,对于高级水平学习者,六类词语的理解难度大致排序为:同形部分异义词＞全同素近形同义词、同形完全异义词＞部分同素近形同义词、异形同义词＞同形同义词。

四　讨论

　　实验结果发现,整体而言,无论对于汉语中级水平还是高级水平的被试,同形部分异义词的理解和产出难度均最高,同形同义词和异形同义词的理解和产出难度则较低。而全同素近形同义词、同形完全异义词和部分同素近形同义词的难度居中。我们认为,呈现这一难度等级序列与各类词语与韩语汉字词的形义相似度有关。已有研究表明,对于双语者,在进行一种语言的词汇加工时,另一种语言中与之对应的词汇信息也会被自动激活(Marian & Spivey 2003; Shook & Marian 2012),并且激活水平受到二者相似性的调节,相似程度越高,激活水平也越高(Blumenfeld & Marian 2007; Schwartz et al. 2007)。由于上述六类词语均与韩语中的汉字词在词义或词形上存在相似性,因此韩国留学生在习得这些词语时,其心理词典中的韩语汉字词会得到较高程度的激活,这便使得一语迁移(包括正迁移和负迁移)更容易发生。

　　对于同形同义汉字词,因词形和词义在汉韩两种语言中一致,一旦学习者激活了韩语中的汉字词,则可以顺利地将韩语中的形和义直接迁移到汉语词汇学习中,因此,该类汉语词语对韩国留学生而言习得难度最低。我们的调查结果与赵杨(2011)的结果均证实了这一点。

　　而对于同形部分异义词,由于词形相同,且词义中的部分义项重叠,因此学习者也极易将这类韩语汉字词的形和义直接迁移到汉语中。但事实上这类同形词的词义范围在韩汉两种语言中并不相同,在一些情况下,韩语中的一个词分化成汉语的多个词,因此学习者经常会在这类汉语词的学习中出现误代偏误。如韩语中"경험(经验)"既对应汉语的"经验",也对应汉语的"经历";韩语中的"애정(爱情)"在汉语中对应"爱情""感情"等。根据 Ellis(1985)提出的语言对比难度等级,当第一语言中一个语言项在第二语言中有两个或多个语言项与之对应时,则属于高难度的语言项目。Jiang(2004)也认为,当一语中的某个词项同时对应于二语中的两个词项时,会对学习者造成很大干扰。我们的调查结果也表明,无论对于中级水平还是高级水平的被试,这类汉语词语的理解和产出正确率均较低。尤其是对于中级水平的被试,同形部分异义词的产出正确率仅为41.5%。被试在产出时习惯用同形的汉字词替代正确的汉语词汇形式。例如:

　　　　(1) *请老师安心,我一定好好复习。(안심)

(2) * 爸爸对我的考试成绩很满足。(만족)

"안심"写成韩语汉字形式是"安心",其词义可对应于汉语的"放心""安心"等词,而"만족(满足)"在韩语中既有"满足"的意思,也有"满意"的意思。上述两例中,学习者显然是直接将韩语中的汉字词词义直接迁移到汉语中,从而产生偏误。

从词汇心理表征的角度分析,二语者在习得二语词义过程中往往需要经历一个以母语词义为中介的阶段,其心理词典中的二语词条一开始存储的是一语对应词的词义信息,只有在经过大量的二语接触和使用后,二语词的词义信息才有可能进入二语词条并最终替代一语对应词的词义信息(Jiang 2000)。由于同形部分异义词的韩语词义和汉语词义具有重叠关系,这使得韩语词义信息一旦进入了学习者的汉语二语心理词条表征便不容易被汉语词义信息所替代,即停留在汉语词形和韩语词义信息共存于汉语二语词条的过渡阶段。因此,对于韩国留学生而言,同形部分异义词的学习难度最大。

值得注意的是,本研究关于同形异义类词语习得难度的调查结果与赵杨(2011)的调查结果有所差异。赵杨(2011)的研究发现,同形异义类词语并非最难习得的词语类型。两项研究结果不同的主要原因可能在于上述研究并未区分同形完全异义词和同形部分异义词。我们认为,相较于同形部分异义词,同形完全异义词对韩国留学生而言难度要小得多。虽然同形完全异义词也会因词形相似而在加工前期激活相应的韩语汉字词,但这种激活作用随后可能会因韩汉词义的差异而被抑制,因此一语迁移的强度相对较弱,习得难度一般。

对于全同素近形同义词和部分同素近形同义词,其学习难度主要来自韩汉词形相似性的干扰。关于学习和记忆的干扰理论(Interference Theory)认为,当目标信息与旧信息具有相似性时,学习者会对目标信息的学习和记忆产生困难。并且,随着相似性的增加,学习和记忆的难度也会逐渐增大(Crowder 1976)。由于韩国留学生在大脑中已经存储了相关概念的汉字词词形,因此当表达汉语中的相同概念时,学习者大脑中具有相似性的汉字词词形会被自动激活,从而对汉语词字形的正确产出产生干扰。也正因如此,全同素近形同义词和部分同素近形同义词均具有较高的学习难度。并且,由于全同素近形同义词与韩语词的构词语素完全相同,仅是语序上不同,因此干扰强度相较于部分同素近形同义词来说习得难度更高。

相反,对于异形同义词,由于词形上不具有相似性,根据干扰理论,学习者在表达韩汉语相同概念时,韩语的词形对汉语词形的干扰性较小,学习者可能更容易将韩语词义与汉语词形建立新的联系,因此学习难度小于全同素近形同义词和部分同素近形同义词。

从各类词语习得的纵向发展看则会发现,随着语言水平的提高,韩国留学生各类汉语词语的整体习得成绩均有所提高,但不同类型词语的发展速度并不同步。表7展示了不同水平阶段的韩国留学生各类词语理解和产出测试的平均正确率。

表 7 不同水平阶段韩国留学生词语理解和产出测试的平均正确率

	51%～55%	71%～75%	76%～80%	81%～85%	86%～90%	91%～95%	96%～100%
中级	同形部分异义	全同素近形同义	同形完全异义	部分同素近形同义		异形同义	同形同义
高级			同形部分异义		同形完全异义；全同素近形同义	部分同素近形同义	同形同义；异形同义

若以正确率高于 85% 作为习得的标准,则可发现,中级水平韩国留学生仅习得了同形同义和异形同义两类词语;而高级水平的韩国留学生则不仅习得了上述两类词,还习得了部分同素近形同义、同形完全异义和全同素近形同义词。

如上文所分析,同形同义词和异形同义词习得难度较低,韩国留学生在中级水平阶段便已基本掌握,其答题正确率超过 90%。而对于其他四类词语,中级水平学生仍未完全习得,但随着语言水平的提高,四类词语的习得情况都有明显改善,尤其是对于同形部分异义词,高级水平被试成绩相较于中级水平被试提高了 20%。但值得注意的是,即便到了高级水平阶段,同形部分异义词仍未完全习得。可见,这类词语在习得过程中最容易受韩语影响而发生化石化现象。这也证实了 Jiang(2000,2002)的假设,即当二语词和一语词并非完全同义时,学习者很难完全摆脱一语语义信息的影响,其词汇心理表征中将长期处于二语词形与一语词义信息共存的状态。而来自其他母语背景学习者的汉语二语词汇学习证据也表明,即便是高级水平的汉语二语者在汉语词汇运用时仍明显受到一语词义的影响(Shen 2015)。

五 结论与教学启示

本文通过一项实证研究考察了中高级水平的韩国留学生对六类与韩语汉字词具有形义对应关系的汉语词的习得情况。研究结果表明:无论对于中级还是高级水平的韩国留学生,同形部分异义词的理解和产出难度均最高,同形同义词和异形同义词的理解和产出难度较低,全同素近形同义词、同形完全异义词和部分同素近形同义词的难度居中。中级水平的韩国留学生只习得了难度相对较小的同形同义词和异形同义词,而到了高级水平阶段,则可以习得除同形部分异义词以外的其他汉语词。

以上研究结果对于针对韩国留学生的汉语词汇教学具有两方面的启示。

首先,同形部分异义词是对韩汉语词汇教学的重点和难点。上述实验结果发现,韩国留学生学习同形部分异义词时受到母语的干扰最大,而据相关统计,与汉语对应词具有同形部分异义关系的汉字词比例超过 20%(全香兰 2004)。因此,在教学中应特别强调此类词在韩汉词义中的差异,并且提供更多的用例以挤压韩语负迁移的空间。王初明(2003)认为,当目的语使用语境缺失时,大脑中的母语语境知识便会介入补缺,进而激活与母语语境知识配套的母语表达。因此,提供更多的用例,让学习者在语境中习得同形部分异义词的语义差异是有效避免母语负迁移的重要手段。

其次,应提醒学习者注意两类近形同义词在韩汉两种语言中的词形差异。虽然全同素近形同义词和部分同素近形同义词中的相同语素会对汉语词的激活带来积极效应,但本研究也发现词形相似性同时带来了较强的干扰效应,尤其是全同素近形同义词,由于其构词语素完全相同,仅在语素顺序上不同,学习者更容易将韩语形式迁移到汉语中(赵杨 2011)。因此,在教授韩国留学生这类汉字词时,应通过更多的形式操练使学习者更好地分辨汉语词词形与韩语汉字词词形之间的差异。

需要指出的是,由于本研究测试中只要求学习者根据句子语境选出或写出与汉字词对应的汉语词,因此主要考察的是学习者对词形和词义的习得情况,无法考察韩语同形词对汉语对应词语用法的影响。例如,虽然本研究发现与韩语汉字词具有同形同义关系的汉语词学习难度很小,学习者在测试当中准确率均超过 95%,但学习者在使用这些词语时仍可能发生偏误。这是由于即便是同形同义词,它们在韩汉两种语言中的具体用法也有可能存在差异[3]。例如,"여성(女性)",韩语中可以说"여성 변호사(女性律师)、여성 요리사(女性厨师)、여성 의원(女性议员)",而汉语则一般说"女律师、女厨师、女议员"。可见,韩语汉字词不仅可能影响汉语对应词语的词义学习,也可能影响其用法的学习。因此,在今后的研究中,有必要进一步考察不同类型汉字词对韩国留学生汉语词语用法的影响。

注 释

① 严格来说,韩语中的部分汉字词来源于日语中的汉字词,是经由日语的汉字词传入韩语的。
② 本研究主要考察韩语汉字词中有某个义项而汉语对应词中无该义项的情况。
③ 感谢匿名审稿专家指出这一点。

参考文献

甘瑞瑗(2006)《"国别化"对外汉语教学用词表制定的研究》,北京大学出版社。
国家汉语水平考试委员会办公室考试中心(2001)《汉语水平词汇与汉字等级大纲(修订本)》,经济科学出版社。
桂 香(2016)汉语词语与韩国语汉字词的差异,《韩国语教学与研究》第 3 期,26—32 页。
姜 飞(2018)韩国语汉字词与中国语词汇对比研究,《韩国语教学与研究》第 1 期,68—75 页。
吕 菲(2010)韩国留学生汉源词偏误分析,《长江学术》第 1 期,138—145 页。
陆姗娜(2017)韩国学习者受汉字词影响的词汇学习策略调查,《国际汉语教育(中英文)》第 4 期,74—

87页。

孟柱亿(2012)韩中文化差异引起的交际障碍及解决方案,《国际汉语·第二辑》,33—40页。

奇化龙(2000)中韩同形词正负迁移初探,《汉语学习》第1期,46—50页。

全香兰(2004)汉韩同形词偏误分析,《汉语学习》第3期,56—61页。

全香兰(2006)韩语汉字词对学生习得汉语词语的影响,《世界汉语教学》第1期,77—82页。

王初明(2003)补缺假设与外语学习,《外语学刊》第1期,1—5页。

王庆云(2002)韩国语中的汉源词汇与对韩汉语教学,《语言教学与研究》第5期,64—68页。

赵　杨(2011)韩国学生汉语词语习得研究,《世界汉语教学》第3期,412—421页。

Blumenfeld, H. K. & Marian, V. (2007) Constraints on parallel activation in bilingual spoken language processing: Examining proficiency and lexical status using eye-tracking. *Language and Cognitive Processes*, 22, 633—660.

Crowder, R. G. (1976) *Principles of Learning and Memory*. Hillsdale: Lawrence Erlbaum Associates.

Ellis, R. (1985) *Understanding Second Language Acquisition*. Oxford: Oxford University Press.

Jiang, N. (2000) Lexical representation and development in a second language. *Applied Linguistics*, 21, 47—77.

Jiang, N. (2002) Form-meaning mapping in vocabulary acquisition in a second language. *Studies in Second Language Acquisition*, 24, 617—637.

Jiang, N. (2004) Semantic transfer and its implications for vocabulary teaching in a second language. *Modern Language Journal*, 88, 416—432.

Marian, V. & Spivey, M. (2003) Bilingual and monolingual processing of competing lexical items. *Applied Psycholinguistics*, 24, 173—193.

Schwartz, A. I., Kroll, J. F. & Diaz, M. (2007) Reading words in Spanish and English: Mapping orthography to phonology in two languages. *Language and Cognitive Processes*, 22, 106—129.

Shen, Helen H. (2015) L1 semantic transfer in the acquisition of L2 Chinese vocabulary by advanced learners.《世界汉语教学》第2期,221—241.

Shook, A. & Marian, V. (2012) Bimodal bilinguals co-activate both languages during spoken comprehension. *Cognition*, 124, 314—324.

作者简介

洪炜,中山大学中文系副教授,博士生导师,主要从事汉语二语习得与教学研究。Email:hongwei5@mail.sysu.edu.cn。

崔守延,中山大学中文系本科生。

空格对汉语阅读有用吗？

——一项基于初级阶段汉语二语学习者的追踪研究*

于 秒 龙佳欣 陈晓霄

天津师范大学心理学部

提 要 作为词边界的空格信息对汉语二语学习者汉语阅读是否起作用,学界尚存争议。本文以初级阶段来华学习汉语的苏格兰留学生为被试,采用眼动追踪技术对其进行了为期一年四个阶段的追踪研究,探究空格在留学生汉语阅读中的作用。研究发现,对于平均注视时间和平均眼跳幅度,所有学习阶段有空格文本与无空格文本差异均显著,但这两个指标一定程度上都会受到句子物理空间分布的影响,而句子总阅读时间、注视次数和阅读速度方面,学习阶段和空格交互作用均不显著,表明空格对留学生的汉语阅读没有明显的促进作用。

关键词 空格 汉语阅读 汉语二语初学者 追踪研究

一 引言

词是重要的语言单位,词汇识别是阅读理解的基础,而对词的识别,首先需要把词从文本中切分出来,因此,词切分在阅读过程中起着至关重要的作用(李兴珊等 2011)。大多数拼音文字的书写系统都采用明显的视觉空间信息——空格来标记词边界,空格在阅读中具有重要作用。很多研究发现,当去掉英语文本词间空格时,读者的阅读速度会显著下降(Rayner & Pollatsek 1996; Rayner, Fischer & Pollatsek 1998; Winskel, Radach & Luksaneeyanawin 2009),说明空格作为一种空间线索,能够帮助读者进行句子阅读。而与众多拼音体系的语言不同,汉语书写系统中没有类似于拼音文字书写系统的空格,来自汉语母语者的很多研究表明,在汉语文本中加入空格只在阅读特殊文本,如阅读歧义句、单行滚动文本或者高度复杂的文本时才会起到促进作用(Hsu & Huang 2000a; Hsu & Huang

---

* 本研究得到天津市哲学社会科学研究规划课题"汉语拼音促进'一带一路'沿线亚洲国家留学生阅读绩效的眼动研究"(项目编号:TJJX19－004)的资助。

2000b；Shieh，Hsu & Liu 2005），而在阅读普通汉语文本时，空格并没有促进作用（白学军等 2012；沈德立等 2010；闫国利等 2012；Bai et al. 2008；Bassetti 2009；Bassetti & Lu 2016；Inhoff et al. 1997），相反，空格甚至会阻碍阅读（Bassetti & Masterson 2012；Liu et al. 1974；Yu et al. 2018）。

而对于汉语二语学习者而言，汉语文本中加入空格是否会帮助学习者进行汉语阅读呢？很多研究均对这一问题有所探讨，但相关研究结论不一，存有分歧。

Peng & Su(2009)考察了空格对韩国留学生汉语阅读的影响，结果发现，词间空格促进了韩国留学生的阅读。Shen et al.(2012)的眼动研究也发现了类似的结果，他们以韩、泰、美、日等母语背景有空格和无空格的留学生为被试，发现词间空格对母语背景有无空格的汉语二语学习者都有用。除却汉语二语学习者的母语背景外，研究者们还探讨了空格的促进作用是否受到文本难度、长度和二语学习者的汉语水平等因素的影响。如白学军等(2010)的研究表明，在难度适中的句子中加入词间空格，能够促进美国留学生的汉语阅读。Chang(2002)和白学军等(2009)的研究结果都显示，词间空格能够促进初级汉语二语学习者的阅读。高珊、江新(2015)的研究也发现，以词间空格为词边界能够显著促进初级和中级水平的汉语二语学习者的阅读速度，但这种促进作用不受句子长度和难度的影响。但也有一些研究表明，词间空格对于汉语二语学习者并没有明显的促进作用。白学军等(2011)以日—汉双语者为被试的研究结果发现，词间空格既没有促进汉语二语者的阅读，也没有阻碍他们的阅读。Bassetti(2009)以中级汉语水平的英语母语者为被试，并没有发现空格的促进作用。顾俊娟等(2017)的研究也显示，对于初学汉语的俄国留学生来说，词间空格并没有促进他们的阅读。Yao(2011)探究了空格的作用是否受到汉语二语者母语背景和汉语水平的影响，结果却发现无论被试的母语背景有无空格，汉语水平是中级还是高级，词间空格均没有促进他们的汉语阅读，甚至阻碍了母语无空格的高级汉语水平被试的阅读。Everson(1986)的研究也发现，与初级汉语学习者相比，高水平汉语学习者的阅读反而受到了词间空格的干扰。

综上所述，目前关于在汉语文本中加入词间空格是否会促进汉语二语学习者阅读的问题，尚存在争议。有的研究发现空格对汉语二语学习者阅读有促进作用，有的研究发现空格有阻碍作用，也有研究发现空格既没有促进也没有阻碍阅读。因此，对于空格对汉语二语学习者阅读的影响，还值得进一步探究。虽然以往的研究也探讨了汉语二语学习者的母语背景、汉语文本难度或长度、被试的汉语水平等因素对空格在汉语阅读中的作用的影响，但研究所得的结果也不一致。尤其是关于空格和二语学习者汉语水平之间的相互作用影响的研究还比较少，以往的研究大多数都只探讨了空格对某一个水平的汉语二语者的阅读的影响，即使有研究探讨了空格在不同汉语水平的二语者阅读中的作用，他们采用的都是横向研究。而横向研究的不足在于，可能仅反映了群体差异，而非真实的个体发展变化。因此，探讨汉语二语者的汉语水平和空格之间的相互作用，采用纵向研究的方法能更为清晰地看到,随被试汉语水平的动态发展空格对汉语阅读的促进作用。

因此,本研究采用眼动追踪技术,以来华学习汉语的初级阶段苏格兰留学生为被试,对其进行了为期一年四个阶段的追踪研究,继续探讨空格对留学生汉语阅读的影响作用。

二　方法

2.1　被试

16名来自苏格兰的留学生,其中女生8名,男生8名,平均年龄为18.5岁。所有被试的视力或者矫正视力正常。

2.2　实验设计

采用2(文本类型:有空格、无空格)×4(学习阶段:阶段1、阶段2、阶段3、阶段4)的两因素被试内实验设计。其中,第一个学期的期中为第一阶段,第一个学期的期末为第二阶段,第二个学期的期中为第三阶段,第二个学期的期末为第四阶段。自变量为文本类型和学习阶段,因变量为各项眼动指标。

2.3　实验材料

从《体验汉语基础教程(上)》和《体验汉语口语教程1》等被试所学教材中选取词语造句。按照四个测试阶段共编制四组句子,四组句子平行条件句子类型、句法等一致并控制句子通顺性和难度,确保四组实验句难度和通顺性一致。请天津师范大学20名中国大学生对句子通顺性进行五点量表(1代表非常不通顺,5代表非常通顺)评定。请20名留学生任课教师对句子难度进行五点量表评定(1代表非常容易,5代表非常难)。四组句子的通顺性、难度的均值和标准差如表1所示。

表1　通顺性、难度均值及标准差(括号内)

组别	通顺性	难度
第一组	4.73(0.37)	2.10(0.62)
第二组	4.70(0.34)	2.14(0.67)
第三组	4.76(0.29)	2.12(0.64)
第四组	4.73(0.32)	2.09(0.63)

统计分析显示,四组句子的通顺性和难度差异均不显著,ps>0.05。最后确定正式实验材料共4组,每组64句,句子中的汉字数在6~12个之间。具体实验材料示例见表2。

表 2 实验材料示例

条件	句子
无空格	张明刚才去了食堂。
有空格	张明 刚才 去 了 食堂。

2.4 实验仪器

采用由加拿大 SR Research 公司开发的 EyeLink 2000 眼动仪记录被试的眼动数据。在实验过程中被试双眼注视屏幕,但只记录其右眼的眼动轨迹。全部实验材料以白底黑字呈现在屏幕上。电脑屏幕与被试眼睛之间的距离为 70 厘米。所有汉字均以宋体 21 号字呈现,每个汉字的视角大约为 0.9°。

2.5 实验程序

每个被试在实验室中进行单独施测。被试在进入实验室之前,主试会给被试一份英文的眼动实验说明,向被试详细介绍实验的注意事项、实验目的和施测程序,确保被试准确地理解实验注意事项和实验程序。在被试进入实验室后,先让被试熟悉实验室的环境,然后指导被试坐在眼动仪前。待被试准备好之后,开始进行校准,校准采用的是 3 点校准。校准成功后,屏幕上会呈现实验指导语,被试在理解指导语之后,开始进入练习,待被试完全理解实验后开始正式实验。在正式实验中,约 1/3 的句子后会紧跟一个关于句子内容的问题,以考察被试是否真正理解了句子。要求被试通过按键回答问题,如果问题与句子内容一致,被试按手柄的"左键",不一致则按"右键"。整个实验持续约 20 分钟。

三 结果

数据采用 Excel 2010 和 SPSS23.0 进行整理和分析,删除跳读和 3 个标准差以外的数据,删除数据占总数据的 5.06%,对数据进行重复测量的被试分析(F_1)和项目分析(F_2)。根据以往的研究(Bai et al. 2008;沈德立等 2010),并结合本研究的目的,选取整个句子作为兴趣区进行分析,所选取的整体分析眼动指标包括:时间维度上的指标,即平均注视时间(句子上所有注视点的持续时间的平均值)和总阅读时间(阅读整个句子所用的时间);空间维度上的指标,即平均眼跳幅度(句子上所有眼跳距离的平均值)和注视次数(落在句子上的注视点个数);阅读速度(字数/句子总阅读时间)指标。各项眼动指标的描述统计结果见表 3。

表 3 各眼动指标均值及标准差(括号内)

眼动指标	条件	阶段1	阶段2	阶段3	阶段4
平均注视时间(ms)	s	315(46)	290(36)	278(37)	274(26)
	u	339(41)	308(34)	289(32)	281(24)
平均眼跳幅度	s	1.59(0.18)	2.14(0.35)	2.09(0.21)	2.08(0.29)
	u	1.12(0.12)	1.55(0.16)	1.57(0.17)	1.61(0.19)
总阅读时间(ms)	s	11894(4906)	9061(2610)	7413(2370)	6776(1902)
	u	12581(4393)	9395(2306)	7597(1561)	6328(1256)
注视次数	s	31.42(9.41)	26.13(6.01)	22.26(5.90)	20.87(5.33)
	u	32.16(10.09)	25.45(6.29)	21.68(4.06)	19.45(3.68)
阅读速度(字/ms)	s	1388(850)	1132(644)	900(508)	807(377)
	u	1430(781)	1169(595)	916(456)	772(347)

注:s 表示有空格条件,u 表示无空格条件。

3.1 平均注视时间

重复测量方差分析结果显示,学习阶段主效应显著,$F_1=28.61$,$p<0.001$,$\eta^2=0.66$,$F_2=144.54$,$p<0.001$,$\eta^2=0.70$。空格类型主效应显著,$F_1=63.10$,$p<0.001$,$\eta^2=0.81$,$F_2=67.18$,$p<0.001$,$\eta^2=0.52$。学习阶段和空格类型的交互作用显著,$F_1=4.64$,$p<0.05$,$\eta^2=0.24$,$F_2=4.09$,$p<0.05$,$\eta^2=0.06$。简单效应分析结果显示,在学习阶段的四个水平上,有空格文本的平均注视时间都显著小于无空格文本($ps<0.05$);在空格类型的有空格这一水平上,阶段1和阶段2、阶段3、阶段4之间的平均注视时间均有显著差异($ps<0.001$),阶段1的平均注视时间均显著大于其他三个阶段,但除阶段1外,其他三个阶段之间并无显著差异($ps>0.05$);在空格类型的无空格这一水平上,阶段1和其他三个阶段之间的平均注视时间均有显著差异($ps<0.01$),阶段2和阶段3、阶段4之间也有显著差异($ps<0.01$),但阶段3和阶段4之间的差异不显著($p>0.05$),具体表现为:阶段4和阶段3的平均注视时间<阶段2的平均注视时间<阶段1的平均注视时间($ps<0.01$)。

3.2 平均眼跳幅度

重复测量方差分析结果显示,学习阶段主效应显著,$F_1=81.92$,$p<0.001$,$\eta^2=0.85$,$F_2=235.20$,$p<0.001$,$\eta^2=0.79$。空格类型主效应显著,$F_1=173.17$,$p<0.001$,$\eta^2=0.92$,$F_2=385.27$,$p<0.001$,$\eta^2=0.86$。学习阶段和空格类型的交互作用显著,$F_1=3.57$,$p<0.05$,$\eta^2=0.19$,$F_2=3.32$,$p<0.05$,$\eta^2=0.05$。简单效应分析结果显示,在学习阶段的四个水平上,有空格文本的平均眼跳幅度都显著大于无空格文本($ps<0.001$);在空格类型的有空格这一水平上,阶段1的平均眼跳幅度显著小于其他三

个阶段($ps<0.001$),但除阶段1外,其他三个阶段之间并无显著差异($ps>0.05$);在空格类型的无空格这一水平上,与上述结果相同,阶段1的平均眼跳幅度显著小于其他三个阶段($ps<0.001$),但阶段2、阶段3和阶段4三个阶段之间并无显著差异($ps>0.05$)。

但是平均注视时间和平均眼跳幅度的变化可能与句子的物理空间分布有关。沈德立等(2010)的研究证实了这一点,即平均注视时间和平均眼跳幅度与不同条件下汉字的信息密度、句子的物理长度变化有关,正常无空格条件下汉字排列最紧密,信息密度也最大,因此其平均注视时间最长,平均眼跳幅度最短,而空格的加入使得句子变长,汉字的密度减小,阅读者在一定空间范围内获得的单位信息量也减少了,所以阅读者倾向于做出更大幅度的眼跳,以获得相应的信息。

3.3 总阅读时间

重复测量方差分析结果显示,学习阶段主效应显著,$F_1=32.60,p<0.001,\eta^2=0.69,F_2=86.25,p<0.001,\eta^2=0.58$;为考察各学习阶段之间的差异,采用了LSD多重事后检验,结果显示,四个阶段之间的差异均显著,具体表现为:阶段4<阶段3<阶段2<阶段1($ps<0.05$)。空格类型主效应不显著,$F_1=0.03,p>0.05,F_2=0.24,p>0.05$。学习阶段和空格类型交互作用不显著,$F_1=1.10,p>0.05,F_2=1.35,p>0.05$。

3.4 注视次数

重复测量方差分析结果显示,学习阶段主效应显著,$F_1=28.44,p<0.001,\eta^2=0.66,F_2=54.21,p<0.001,\eta^2=0.46$,四个阶段之间的差异均显著,具体表现为:阶段4<阶段3<阶段2<阶段1($ps<0.05$)。空格类型主效应不显著,$F_1=1.59,p>0.05,F_2=0.10,p>0.05$。学习阶段和空格类型交互作用不显著,$F_1=1.04,p>0.05,F_2=1.17,p>0.05$。

3.5 阅读速度

重复测量方差分析结果显示,学习阶段主效应显著,$F_1=11.30,p<0.001,\eta^2=0.43,F_2=24.51,p<0.001,\eta^2=0.35$,四个阶段之间的差异均显著,具体表现为:阶段4>阶段3>阶段2>阶段1($ps<0.05$)。空格类型主效应不显著,$F_1=0.53,p>0.05,F_2=0.71,p>0.05$。学习阶段和空格类型交互作用不显著,$F_1=4.63,p>0.05,F_2=4.91,p>0.05$。

在句子总阅读时间、注视次数和阅读速度这三个指标上,被试在有空格文本和无空格文本条件下均没有显著差异,表明在汉语文本中加入词间空格,对于不同水平的汉语二语学习者的阅读均没有明显的促进作用。

四 讨论

本实验通过追踪研究,探究了空格对汉语二语学习者的影响随着他们汉语水平的发展而产生的变化。从实验结果可以看出,在所有的眼动指标上,学习阶段的主效应都是显著的,被试学习汉语的时间越长,平均注视时间、总阅读时间等都显著变短,阅读速度显著变快,说明随着被试汉语水平的提高,阅读效率也越来越高。

本研究发现,在每个学习阶段,词间空格对汉语二语学习者的阅读并没有明显的促进作用。这与 Bassetti(2009)和 Yao(2011)等的研究结果一致。但 Bassetti(2009)和 Yao(2011)的被试汉语水平相对较高。也就是说,空格对于较高水平的汉语二语学习者汉语阅读并未起到促进作用。这可能是因为,对于较高水平的汉语二语学习者而言,他们的汉语学习经验丰富,已逐渐习惯了正常无空格的文本呈现方式,即已经形成了一种类似于汉语母语者一样的词切分策略,因此人为地加入词间空格并不能提高他们的阅读效率。而本文的追踪研究也发现,被试在不同测试阶段,随着其汉语水平的不断提高,尤其到了第四阶段,有空格文本的总阅读时间比无空格文本还要大。空格不但没有促进作用,反而会在一定程度上对阅读造成干扰。诸多来自汉语母语者的研究表明,对于一般的汉语文本来说,词间空格并没有促进汉语母语者的阅读(如白学军等 2012;沈德立等 2010;闫国利等 2012),甚至阻碍了其阅读(Yu et al. 2018)。即便是汉语初学者,在经过一定时间的学习后,也已经形成了自己的阅读策略,词汇识别的过程已经自动化。因此,加入词空格来标注词边界并不会促进读者的阅读(沈德立等 2010;Bassetti & Masterson 2012)。

但是,对于较低汉语水平的汉语二语学习者而言,其汉语阅读理解过程很可能主要依赖于自下而上的加工模式(高珊、江新 2015),也就是说,文本呈现的形式可能会影响他们阅读,因此,在汉语文本中加入空格,能在一定程度上降低词汇识别的难度,从而促进阅读。白学军等(2009)、Shen et al.(2012)等确实也发现了词间空格对初级水平学习者汉语阅读的促进作用。但对比分析可发现,这些研究的实验设计都设置了词间空格、字间空格、无空格和非词空格 4 种实验条件,比本研究多出两个实验条件,字间空格和非词空格等条件与词空格条件对比鲜明,因此,这些对比条件可能在一定程度上凸显了词间空格的作用。另外,该实验结果显示,在总阅读时间上,词间空格条件下显著短于其他三种条件,作者认为出现这种效应,是因为词间空格减少了选择眼跳目标所需的时间,并且消除了在进行词汇识别之前进行词切分的必要性。但是,促进词汇识别不一定能促进整个句子的加工。沈德立等(2010)就发现,空格虽然促进了被试的词汇识别,但却未促进整个句子的加工。因此,研究出现的差异是否只是空格带来的有待进一步探讨。高珊、江新(2015)同时考察了词间空格对初级和中级汉语水平的二语学习者的影响,他们采用的均是横向研究,选取了处于初级和中级水平的两个留学生群体为被试,研究发现了空格在这两个被试群体中的促进作用。本研究采用的是纵向的追踪研究,并未发现空格在不同学习阶段的显著促进作用。只是从总阅读时间和阅读速度均值上看,前三个学习阶段,被试阅读有空格文本的时间确实均略短于无空格文本,空格对文本的促进作用有一定趋势,但均未达到显著差异水平。本文的研究结论可能与所控制的四个阶段文本的难度一致有关。高姗和江新的实验设置了简单和困难两种文本,而本研究所选取的文本难度相对较低,并且在四个阶段中保持一致,这使不同阶段间数据具有可比性,并且结合纵向研究能更直观地看出不同学习阶段被试汉语水平的发展变化,以及空格对普通汉语文本阅读的影响随被试汉语水平的发展而产生的变化过程。

由于留学生被试取样面临的客观困难,本研究被试取样量不算足够大。同时,为了保证四个阶段实验材料的难度一致,实验并未选用针对每个学习阶段相应难度的材料,这些被试因素和实验材料因素可能在一定程度上影响实验结果。后续研究有待扩大被试样本量以及选用不同难度的实验材料验证现有结论。

五　结论

本研究对初级阶段的汉语二语学习者进行了为期一年四个阶段的追踪研究。在本实验条件下,并未发现学习阶段与空格的交互作用。实验表明,在每个学习阶段,空格对整个初级阶段苏格兰留学生的汉语并没有明显的促进作用。

参考文献

白学军、郭志英、顾俊娟、曹玉肖、闫国利(2011)词切分对日—汉双语者汉语阅读影响的眼动研究,《心理学报》第11期,1273—1282页。

白学军、郭志英、曹玉肖、顾俊娟、闫国利(2012)词切分对老年人阅读效率促进作用的眼动心理,《中国老年学杂志》第6期,1224—1226页。

白学军、田　瑾、闫国利、王天琳(2009)词切分对美国大学生汉语阅读影响的眼动研究,《南开语言学刊》第1期,140—153页。

白学军、张　涛、田丽娟、梁菲菲、王天林(2010)词切分对美国留学生汉语阅读影响的眼动研究,《心理研究》第5期,25—30页。

高　姗、江　新(2015)词边界对第二语言学习者汉语阅读的影响,《语言教学与研究》第4期,12—20页。

顾俊娟、张　郢、郑海英(2017)词切分对俄国留学生汉语阅读影响的眼动研究,《心理研究》第4期,22—29页。

李兴珊、刘萍萍、马国杰(2011)中文阅读中词切分的认知机理述评,《心理科学进展》第4期,459—470页。

沈德立、白学军、臧传丽、闫国利、冯本才、范晓红(2010)词切分对初学者句子阅读影响的眼动研究,《心理学报》第2期,5—18页。

闫国利、张兰兰、卞　迁、徐子珺(2012)词切分对语文学优生与学困生阅读影响的眼动研究,《心理学探新》第6期,47—52页。

Bai, X. J., Yan, G. L., Liversedge, S. P., Zang, C. L. & Rayner, K. (2008) Reading spaced and unspaced Chinese text: Evidence from eye movements. *Journal of Experimental Psychology: Human Perception and Performance*, 34, 1277−1287.

Bassetti, B. (2009) Effects of adding interword spacing on Chinese reading: A comparison of Chinese native readers and English readers of Chinese as a second language. *Applied Psycholinguistics*, 30, 757−775.

Bassetti, B. & Lu, M. (2016) Effects of interword spacing on native English readers of Chinese as a second language. *International Review of Applied Linguistics in Language Teaching*, 1, 1−22.

Bassetti, B. & Masterson, J. (2012) Effects of removing morphemic information and adding interword spacing on reading in Chinese experienced and inexperienced readers. *Read Writ*, 25, 2291−2314.

Chang. (2002) Making text boundaries and learning the Chinese language. Doctoral Dissertation of Southern California University.

Everson, M. E. (1986) The effect of word-unit spacing upon the reading strategies of native and non-native readers of Chinese: An eye-tracking study. Unpublished PhD thesis, Ohio State University.

Hsu, S. H. & Huang, K. C. (2000a) Interword spacing in Chinese text layout. *Perceptual and Motor Skills*, 91, 355−365.

Hsu, S. H. & Huang, K. C. (2000b) Effects of word spacing on reading Chinese text from a video display terminal. *Perceptual and Motor Skills*, 91, 81−92.

Inhoff, A. W., 刘伟民, 王坚, 符德江(1997) 汉语句子阅读中的眼动与空间信息的运用, 见彭聃龄, 舒华, 陈烜之(编)《汉语认知研究》, 济南：山东教育出版社。

Liu, I. M., Yeh, J. S., Wang, L. H. & Chang, Y. K. (1974) Effects of arranging Chinese words as units on reading efficiency. *Chinese Journal of Psychology*, 16, 25−32.

Peng, Y. & Su, L. (2009) A Study on eye movement of Korean students reading Chinese texts with or without marks for word boundaries. *International Conference on Asian Language Processing: Recent Advances in Asian Language Processing*, 332−336.

Rayner, K., Fischer, M. & Pollatsek, A. (1998) Unspaced text interferes with both word identification and eye movement control. *Vision Research*, 8, 1129−1144.

Rayner, K. & Pollatsek, A. (1996) Reading unspaced text is not easy: Comments on the implications of epelboim et al.'s (1994) study for models of eye movement control in reading. *Vision Research*, 3, 461−465.

Shen, D., Liversedge, S. P., Tian, J., Zang, C., Cui, L. & Bai, X., et al. (2012) Eye movements of second language learners when reading spaced and unspaced Chinese text. *Journal of Experimental Psychology: Applied*, 2, 192−202.

Shieh, K. J., Hsu, S. H. & Liu, Y. C. (2005) Dynamic Chinese text on a single-line display: Effects of presentation mode. *Perceptual and Motor Skills*, 100, 1021−1035.

Winskel, H., Radach, R. & Luksaneeyanawin, S. (2009) Eye movements when reading spaced and unspaced Thai and English: A comparison of Thai-English bilinguals and English monolinguals.

Journal of Memory and Language，3，339—351.

Yao, Y. (2011) Interword spacing effects on reading Mandarin Chinese as a second language. *Writing Systems Research*，1，23—40.

Yu, M., Yan, H. & Yan, G. (2018) Is the word the basic processing unit in Chinese sentence reading: An eye movement study. *Lingua*，205，29—39.

作者简介

于秒，天津师范大学心理学部教授，硕士生导师，主要从事心理语言学研究。Email：ym@tjnu.edu.cn。

龙佳欣，天津师范大学心理学部。Email：ljx0923923@126.com。

陈晓霄，天津师范大学心理学部。Email：josiecxx@163.com。

"不 A"式形容词及其教学

——从"好不 A"谈起

高顺全　陈晓雨

复旦大学国际文化交流学院

提　要　"好不 A"（A 为光杆形容词）表达的意义有否定和肯定两种理解。从历时角度看,肯定式源于否定式,肯定式"好不 A"中的"好不"是一个副词,其中的"不"是羡余成分;否定式有意义相近的"很不 A"。能受程度词修饰的"不 A"具有程度性,可视为性质形容词,其中的"不"可看作类前缀。这种"不 A"可以通过一些句法槽进行鉴别,进而能得出一个具有程度性的"不 A"式形容词词表。在汉语二语教材编写和课堂教学中,对这些特殊的形容词构成的"程度词＋不 A"应该予以一定的重视和相应的处理。

关键词　好　不　形容词　程度性　句法槽　教学

一　引言

副词"好"不仅能修饰性质形容词,还能修饰一些性质形容词的否定形式,后者可以记为"好不 A"（A 表示光杆性质形容词,下同）。袁宾(1984)很早就注意到,近代汉语的"好不 A"的意义有肯定和否定两种理解。这种语法现象在现代汉语中仍然存在,而且除了肯定式和否定式之外,还有一种需要根据语境理解的"两可式"。例如：

(1)房顶上头挤满了人,"乒乒乓乓"地打起枪来,真是好不紧张,好不热闹。
(2)唉,不容易,好不容易,放了两年啦。
(3)a. 雨急一场缓一场地淋下,使卖雨披的娃儿好不开心。
　　b. 这一场说来寻常到极点的纠纷,使梨花屯的人们好不开心。

有些形容词参与构成的"好不 A"只有肯定式一种理解,其结构层次是"好不｜A",所表达的意义和相应的"好 A"没有太大的区别,大致相当于"很 A",如例(1);有些形容词参与构成的"好不 A"只有否定式一种理解,其结构层次是"好｜不 A",意义大致相当于"很不容易",如例(2);还有一些形容词参与构成的"好不 A"表达的意义则需要靠具体的语境辨认:(3a)中的"好不开心"是"好开心"的意思,(3b)中的"好不开心"却是"很不开心"的意思。

"好不 A"表达的意义到底是肯定还是否定,对于母语者来说并不难区分。然而,汉语二语学习者不具备母语者的语感,对他们来说,理解或分辨具体的"好不 A"表示什么意义是相当困难的。

本文的主要目的有三:其一,肯定式"好不 A"是如何产生的;其二,肯定式"好不 A"对应的"很不 A"(如"很不热闹")不能成立,而否定式"好不 A"对应的"很不 A"能够成立,且两者表示的程度意义差不多(如"好不容易"和"很不容易"),与此相关的问题是,哪些"不 A"能受程度词修饰构成"程度词+不 A"格式,能不能通过一些句法槽来进行快速判断?其三,能成立的"程度词+不 A"格式中的"不 A"是词还是短语?或者说,这些"不 A"在汉语二语教学中可不可以处理为一类特殊的形容词?如果可以,本文将尝试得出一个"不 A"式形容词词表,并就"程度词+不 A"格式的教学问题提一些粗浅的建议。

二 肯定式"好不 A"是如何产生的

2.1 "反语说"及其问题

关于肯定式"好不 A"的来源,学界主要的看法是"反语说"。袁宾(1984)认为,肯定式也许是否定式的反语说法,是通过反语的修辞方式演化而成的。其解释是:否定式的 A 一般有褒义或正面意义,而肯定式的 A 都表示反面意义。"好"用来表示程度深时,大多数情况下是用来强调反面意义的,"好 A"中的 A 是反面意义。因此,"好不 A"中的 A 自然可以理解为正面意义而非反面意义的形容词。

但历时语料事实并不支持这一看法。元明时期的白话语料中"好 A"里面的 A 有很多如"欢喜""喜欢""美"等都不表示反面意义。例如:

(4)a. 恰才得了小姐这个简贴儿,小生好欢喜也。(《梅香骗翰林风月》)
　　b. 你也等我一等波,听见到丈人家去,你好喜欢也。(《梁山泊李逵负荆》)
　　c. 酒也,连日不见你,谁想今日在这里又相会,好美哉也!(《好酒赵元遇上皇》)
　　d. 那汉捻着朴刀来斗和尚,恰待向前,肚里寻思道:"这和尚声音好熟。"(《水浒传》)

沈家煊(1994)赞同袁宾的"反语说",他也没有提出实际语料支持,但试图通过设想交际情境和"引述"用法来论证。如下:

　　甲:你真蛮横!
　　乙:我哪儿蛮横啦?(我一点儿不蛮横。)
　　甲:你好"不蛮横"呀!

沈文的解释是，"蛮横"是贬义词，根据社会交际的"礼貌原则"，对被评判者好的方面应说得充分，对不好之处需说得委婉，所以在"蛮横"前加上"不"来表达批评的委婉。他进一步认为，在历时上，"好不｜蛮横"确实是从"好｜不蛮横"的反语用法演变而来的。他假设的过程是：好（引述）不蛮横→好不（陈述）蛮横→好不（陈述）热闹。

我们在实际语料里（包括历时和共时）没有发现真实语境中"好不蛮横"的反语用法，也没有发现其他"好＋[不＋贬义词]"的反语用法。事实上，"好不热闹"产生的时间非常早，明代已有，且直到现在都只有肯定式，没有"引述"（反语）用法。更重要的是，明代语料中也有意义相近的"好热闹"。例如：

(5) a. 闻说二娘家门首就是灯市，好不热闹。到明日我们看灯，就往二娘府上望望。（《金瓶梅》）
   b. 分付了，两个来端门下看灯。正撞着当时赐御酒，撒金钱，好热闹。（《警世通言》）

在近代汉语中，很多表示心情的形容词构成的"好不 A"一开始出现的时候就只有非反语用法的肯定式——元明时代的戏曲和小说中存在很多只能理解为肯定式的"好不快活"和"好不苦"。例如：

(6) a. 我安禄山起兵，攻破长安，做了大燕皇帝，好不快活也。（《六十种曲》）
   b. 合入大队里，在卫河中巡绰，得来大碗酒、大块肉，好不快活！（《醒世恒言》）
(7) a. 一口气得中头名状元，果中奴之愿矣。只为圣恩留他，单掌制造。三年之外，方许还乡。奴家相思，好不苦呵。（《六十种曲》）
   b. 你看这个小船，怎过得川江？累我重复觅船，好不苦也！（《喻世明言》）

可见，肯定式"好不 A"源自"反语说"只是一种猜测或假设，尽管研究者可以加上似乎能够自圆其说的假设和推理，但并没有实际语料支持这一假设。

2.2 肯定式"好不 A"的产生

在"好不 A"之前，"好＋不＋VP"和"好＋不＋AP（形容词性短语）"都已经存在。"好＋不＋A"结构的产生应该是进一步类推的结果。在元末明初之前，这三种形式都表示否定意义，其中的"不"都是否定副词。"好不 A"否定式的使用早于肯定式有大量的历时语料支持（袁宾 1984；张海涛 2008），因此肯定式"好不 A"确实来自否定式"好不 A"。问题是，为什么会发生这种变异？

"好不 A"有三个构成要件："好""不"和性质形容词。"反语说"关注的是形容词是否具有褒义、积极等附加语义色彩，认为肯定式的产生是说话人语用操作的结果。

从理论上说，肯定式"好不 A"的产生应该是更多的形容词通过类推机制进入"好不 A"之后，由于形容词的语义差异导致理解上的分化的结果。如果只从形容词的角度出发，就要解释"不"的否定意义是如何消失的，"不"在语义上是如何跟形容词失去联系的，在句法上是如何脱离形容词并跟它前面的"好"结合在一起的。当然,这也许并不困难,因为可以认为"好不 A"从否定式到肯定式,结构发生了这样的重新分析:

好｜不 A(否定式)→好不｜A(肯定式)

这样分析的结果就是把肯定式中的"好不"看成是一个双音副词,"不"从否定副词虚化为一个羡余成分。这是学界目前普遍接受的观点。

但是,这种解释没有考虑到"好"不同于一般程度副词的特殊性。因为除了"好"之外,汉语的其他程度副词如"甚/很"等与"不＋A"的组合都只有否定式而没有肯定式。这表明,肯定式"好不 A"产生的动因应该跟"好"的功能和分布有关。副词"好"可以表示程度,但同时也表示一种"甚/很"所没有的感叹或夸张语气。"好 A"如此,如例(4),"好不 VP"也是如此,从"好不 VP"类推而来的"好不 AP"同样如此。例如:

(8)卿好不自知,每比萧何,真何如也?[《晋书》,张海涛(2008)例]
(9)你没活计,我周全你,好不傍道理。(《张协状元》)

"好不 VP"和"好不 AP"都只表示否定意义,但它们表达的说话人的主观语气都比较强烈。可见,"好"是一个兼表程度和语气的副词。

光杆形容词进入"好不＿＿＿"是"好不 AP"进一步类推的结果,其年代基本上可以认为是元明之际。且无论是否定式还是肯定式,"好不 A"主要用于感叹句,带有强烈的感叹语气。在元明戏曲道白中,肯定式"好不 A"句末还常伴有"也/哩/呀"等感叹语气词,在最早出现肯定式"好不 A"的小说《西游记》中也是这样。例如:

(10)a. 他那老两口儿年纪高大,则有的这个孩儿,可又投军去了十年光景,音信皆无。做父母的在家少米无柴,眼巴巴不见回来,好不苦也。(《全元曲》)

b. 这个家私,都是哥哥、嫂嫂掌把着。他十分操心,我与二嫂吃着现成衣饭,好不快活也。(《神奴儿大闹开封府》)

(11)a. 这张飞的枪好不快哩,早是俺二将走的快,略迟些也着他一枪儿了。(《全元曲》)

b. 兴儿,你看这庙上人好不多哩!(兴儿云)小哥,咱每来迟,那前面早下的满了也。(《全元曲》)

(12)a. 有妖怪! 把我戳了一枪去了! 嘴上好不疼呀!(《西游记》)

b. 这井肚子大,口儿小,壁陡的圈墙,又是几年不曾打水的井,团团都长的是苔痕,好不滑也,教我怎爬?(《西游记》)

我们结合这些例句的上下文进行了考察,没有发现反语用法线索,它们也都不是引述。之所以会被理解为肯定意义,很可能是因为副词"好"本身就有主观性,"好不 A＋语气词"是说者对事物某种属性的感叹和夸张,由于"好"和"不"高频紧邻,再加上说话人观点和态度的明确性(非否定),因此发生重新分析,意义变为肯定式,结构层次也由"好｜

不 A"重新分析为"好不 | A",双音副词"好不"由此产生。

这样看来,"好"的主观性是引发"好不 A"肯定式产生的一个重要动因。从"好不 A"的发展过程来看,它的语法化除了结构的重新分析外,还伴随着这样的演变:"好不 A(感叹句)→好不 A(陈述句)",在这一过程中,肯定式"好不 A"的使用逐渐不限于感叹句,也摆脱了句末语气词。

也许有人认为,"好不"的双音化与音节数有关:"好"的单音节为"好不"的双音化提供了条件。这种可能性不大——我们在历时语料中发现了这样的用例:

(13) a. 这个人就是当初老相公借银子的刘员外。他是名门旧族,现有百万家财,何等不好?(《玉清庵错送鸳鸯被》)
　　 b. 春树大笑道:"席间联句是近来一班斗方名士的习气,你如何也学起他们来?好好的饮酒何等不妙,却做这等酸子的事情!我是第一个不遵令的。"(《九尾龟》)

上例中的"何等不好/妙"的意义相当于"何等好/妙",换句话说,"何等不 A"中的"不"也可以不表示否定,也发生了语法化,成了羡余成分。

肯定式"何等不 A"产生的动因,应该与"何"的本义是表示疑问、"何等"可以表示反问有关,因为反问很容易语法化为感叹,"何等不 A"的语法化过程可能是"(疑问→)反问→感叹→陈述(否定羡余)"。"何等"的音节数目并没能阻碍"何等 | 不 A"结构重新分析为"何等不 | A"。

肯定式"好不 A"产生的主要动因也应该是它经常用于表示一种比较强烈语气的感叹句。在现代汉语中,它虽然一定程度上摆脱了这一限制,但仍然表达较强的主观语气(夸张/出乎意料等)。如果这一解释成立,那么"好不 A"的语法化过程应该是"感叹→陈述(否定羡余)"。跟"何等不 A"相比,只是少了"反问"这一环节。

"好不 A"为什么会带有感叹语气呢?这需要追究"好"的本义。何金松(1994)认为"好"为"何"字音变,与"何"意义相同。张谊生(2010)、刘丞(2014)也都认为副词"好"并非由形容词"好"发展而来,而是疑问词"何"音变的结果,"好"与表示反诘的"何"功能相近,可以加强程度,表示感叹。如:

(14) a. 朔来朔来,受赐不待诏,何无礼也?[《汉书》,刘丞(2014)例]
　　 b. 入门两眼何悲凉,稚子低眉老妻哭。[王若虚《贫士叹》,刘丞(2014)例]

"好"由疑问用法再发展出反问用法这一解释成立,"好"可以表示感叹语气就很自然了。如此,则"好不 A"语气的语法化过程也是"(疑问→)反问→感叹→陈述(否定羡余)",肯定式"好不 A"中的"好不"是一个兼表程度和语气的副词,其中的"不"和形容词脱离关系,失去否定意义,变成一个羡余成分。

三 "不 A"中"不"的语法性质

3.1 现代汉语中的"好不 A"

根据个人语感,例(10)—(12)这些近代汉语中的"好不苦""好不快""好不多""好不疼""好不滑"等说法今天都不能成立,笔者检索了北京大学 CCL 语料库现代汉语部分,也没有发现上述用例。这表明,尽管肯定式"好不 A"这一格式传承了下来,但其中的形容词集合成员却发生了变化。

为了弄清现代汉语中"好不 A"中 A 的主要成员,我们对约 1200 万字的现代汉语语料(包括 20 世纪三四十年代的老舍作品、50 年代和 80 年代的文学作品)进行了穷尽性调查,共发现三种理解的"好不 A"用例 237 个。这些用例都表示感叹或夸张语气,没有 1 例是反语或引述用法。具体情况见下表:

表 1 现代汉语的"好不 A"

意义	形容词			
	场面	样子	心情①	认识
肯定 54	热闹 15	狼狈 5 尴尬 4 厉害 3 泄气 2 惊异 1 气派 1 威风 1 威武 1 威严 1 怕人 1	难受 5 伤心 4 心烦 2 紧张 2 懊丧 1 蹊跷 1 扫兴 1 新奇 1 快活 1 欢喜 1	
否定 170			要脸 4 害臊 2 仁义 1 满意 1	容易 162
两可 13			高兴(4:3) 痛快(1:1) 开心(1:1) 自在(1:1)	

说明:形容词后数字为该形容词构成的"好不 A"用例数量;两可式中前一数字为肯定式用法。

统计发现,只能理解为肯定式的"好不｜A"有 54 个用例,其形容词集合成员共 21 个,可以大致分为场面、样子、心情三类,使用频次最高的是"热闹",其次是"狼狈""难受""尴尬""伤心"和"厉害"等;只能理解为否定式的"好｜不 A"用例数量多达 170 个,但其形容词集合成员只有 5 个,其中"好不容易"竟有 162 个用例,占全部用例的95.3%,其余 4 个都是表示心情的形容词,频次较高的是"要脸";需要根据语境理解的两可式"好不 A"有 13 个用例(7 例肯定,6 例否定),其形容词集合成员只有 4 个,都是表示心情的,"好不高兴"占了一半以上。

袁宾(1984)考察近代汉语"好不 A"的发展趋势时认为,该格式经历了从否定式基本独用到否定式肯定式并用再到肯定式基本独用的过程。我们对现代汉语语料的考察结果表明,从形容词集合成员数量来说,肯定式中的形容词集合成员数量是否定式的 4 倍多(21∶5),但从用例的绝对数量上来说,否定式"好不 A"是肯定式的 3 倍多(170∶54)——尽管否定式基本上都是"好不容易",但似乎还不能说是肯定式基本独用。

武振玉(2004)的近代汉语语料调查发现,明清小说中,"好不"修饰的词语总体情况虽然是含有积极色彩义的多于消极色彩义的,但差距并不悬殊。我们调查发现的形容词集合成员只有 30 个,它们的共性是都可以概括为表示人的主观感受和认知。其中否定式和两可式"好不 A"中 9 个形容词都可以理解为正面或积极意义的(绝大部分都表示心情),共性比较明显;但在肯定式"好不 A"的 21 个形容词中,表示正面或积极意义的形容词只有 7 个,大部分(14 个)形容词都是表示反面或消极意义的。如果把否定式和两可式"好不 A"中的形容词计算进来,正面和反面形容词集合的成员数量相差不大。这说明,着眼于形容词的语义色彩不足以解释"好不 A"何以有两种理解。

3.2 有些"不 A"中"不"可以看作类前缀

"好"兼表程度和语气的功能只是引发"好不 A"语法化的重要动因,形容词的语义色彩在语法化中的作用暂时还不容易说清,现在来看"不"是否发挥了作用。

"不"的主要功能是表示否定,很多性质形容词都可以受"不"修饰,构成的"不 A"一般是形容词短语。石毓智(1992)认为,"不"否定形容词时,常常确定一个程度较低的量,意为"不及、不够",张国宪(2006)也持类似的看法。

我们发现,"不"和形容词组合的结果有两种可能。一种组合结果是"不+A",是一个短语,其中的"不"是否定副词。这种组合不能受"很"和"有点儿"等程度词修饰。如:

　　*很不长　*很不短　*很不大　*很不重　*很不高　*很不热
　　*有点儿不长　*有点儿不短　*有点儿不大　*有点儿不重
　　*有点儿不高　*有点儿不热

另一种组合结果是"不 A",它们作为一个整体像是一个性质形容词,因为它们能受"很"和"有点儿"等程度词修饰。如:

　　很不安全　很不干净　很不高兴　很不讲理　很不满意
　　有点儿不安全　有点儿不干净　有点儿不高兴　有点儿不讲理
　　有点儿不满意

这种"不 A"中的"不"的作用并非"确定一个程度较低的量",因为它本身具有程度性,可以有各种量级形式。其中的"不"的语法性质并不是副词,而是类似于否定前缀,即类前缀,是一种构词成分。

如果认为"不"可以是类前缀/构词成分,那么由"不"构成的很多"不 A"就可以得到统一的解释。本文讨论的部分"不 A"就可以看作是由类前缀构成的形容词,否定式"好不 A"其实就是"好"修饰"不 A"整体,因为撇开感叹和夸张语气不谈,"好不 A"和"很不A"在表示否定意义方面是基本相同的。

由于语感上对词的界定会受到音节数目的强大影响,一般的理解都只把"不利""不幸""不错"这样的单音节形容词和"不"的组合看成是形容词,词典也是这么处理的(《现代汉语词典》第7版只有"不要脸"这一个例外)。但其实"不满"和"不满意"除了音节数量差别之外,并没有什么本质的区别。

当然,即使认为"不"有副词和类前缀两种身份,"不A"中的"不"到底是副词还是类前缀也并不容易判断。把"不"的两种身份和形容词的语义结合起来考虑,情况可能会比较复杂:某些"不A"可以看作形容词,某些"不A"则只能是形容词短语。也就是说,"不"是副词还是类前缀,很大程度上取决于形容词的语义特点。

现代汉语中的性质形容词数量有数百个,但我们的语料调查发现的"好不A"用例中的形容词集合成员只有30个。考虑到我们调查的语料规模有限,要想确定哪些"不A"是词(其中的"不"是类前缀),还需要建立一个比较容易操作的判断标准。

四 "不A"式形容词的量级和程度句法槽

4.1 性质形容词的量级和量值区间

如果把"不"看成类前缀、有些"不A"可能是一个由类前缀构成的新形容词的话,那么相应的A可以叫作原形容词,"不A"可以叫作原形容词派生出来的否定形容词,两者都是性质形容词。这可以通过相关程度句法槽来判断。

性质形容词主要的语义特征是具有程度性,可以计量或者说有量级区间。石毓智(1992,2003)把形容词分为定量的和非定量的两种,其中能受程度词修饰的形容词代表的是一个程度不等的量级序列或量幅,是非定量的。他把非定量形容词的量级分为微量、高量和极量三个等级,对应的程度词分别是"有点儿""很"和"最",即"有点儿A"表示的是微量,"很A"表示的是高量,"最A"表示的是极量。张国宪(2006)认为有些形容词可以有数值记量(如3厘米长)和模糊记量两种记量方式,有些形容词不能用数值记量,但能通过"程度词+A"来进行模糊记量。他把模糊记量结果分为微量、中量、高量和极量四个量级。其高量和极量表达跟石毓智相同,但张国宪把微量分为两种:"稍微+A一些(一点儿)"表示客观微量,"有点儿+A"表示主观微量。此外,他认为"比较+A"表达的是中量。

我们认为,能进入"程度词+____X____"这一句法槽的X,就可以视为性质形容词。不过,"稍微"不能直接用在光杆形容词的前面,"比较A"实际上是两个客体属性的量级差异,"最A"其实也是比较的结果,而且能进入"很+____"句法槽的形容词,也都能进入"最+____"句法槽。因此,我们把程度词"很"和"有点儿"看作是可以快速判断是否为性质形容词(非定量形容词)的鉴别词,主张用下面两个句法槽来鉴别是否为性质形容词:

句法槽Ⅰ:很_____

句法槽Ⅱ:有点儿_____

沈家煊(1999)把一些有反义关系的形容词区分为无标记项和有标记项。前者如"长""高""大"等,后者如"短""矮""小"等,前者是正向形容词,后者是负向形容词。罗琼鹏(2018)认为形容词之间存在极性对立:形容词可以分为正极形容词(positive adjectives)和负极形容词(negative adjectives),形容词程度的等级性可以通过量级结构表示。正极形容词所对应的量级结构有绝对的零点或起始点,负极形容词没有绝对的零点或起始点。他用数学的方法对形容词的量值区间进行了描述:正极形容词的程度对应从这一最小值(零点)到某一正数值的区间,这一区间是封闭的、有限的区间,即(0,n];负极形容词的程度没有最小值(零点),对应一个开放的、无限的区间。

"很"是一个比较客观的绝对程度词,它对形容词的语义色彩没有要求,因此几乎所有的性质形容词都能进入句法槽Ⅰ。"有点儿"则是一个具有主观性的程度词,能进入句法槽Ⅱ的形容词要求是有标记项,一般是表示负向(反面)或贬义/消极意义的形容词。换句话说,句法槽Ⅱ在一定程度上能够判断形容词的语义色彩。例如:

有点儿危险　　有点儿脏　　　有点儿丑
*有点儿安全　*有点儿干净　*有点儿漂亮

我们接受部分性质形容词存在极向对立、有"正向"和"负向"之分的观点,认为"程度词+形容词"可视为形容词的程度量级结构,其中量级结构"有点儿A"表示的是一个数值大于0的低量或微量,量级结构"很A"表示的则是一个数值接近于n的高量。

4.2　"不A"式性质形容词及其量级区间

性质形容词大都可以用"不"否定,但否定后的组合到底是"不+A"还是"不A",需要通过前述两个句法槽和量级区间来进行判断。有些性质形容词和"不"组合以后,不能受"很"和"有点儿"修饰,也就是说,它们不能进入前述两个句法槽。例如:

*很不重　　　*很不难　　　*很不激动　　　*很不兴奋
*有点儿不重　*有点儿不难　*有点儿不激动　*有点儿不兴奋

这种"不"和形容词的组合结果是短语"不+A",其中的"不"是副词,作用如石毓智(2003)所言是确定一个程度较低的量,"不+A"整体的程度性量值可以理解为0,因此不能进入程度量级结构。

有些性质形容词和"不"组合后的整体能够进入前述两个句法槽。例如:

很不高兴　　　很不干净　　　很不安全　　　很不像话
有点儿不高兴　有点儿不干净　有点儿不安全　有点儿不像话

这种"不"和形容词的组合结果"不A"更像是一个性质形容词,其中的"不"可看作一个否定前缀。如果A是单音节的,那么"不A"就是一个语感接受的词,如"不幸";如果A

是双音节的,那么"不A"就是一个由否定前缀构成的形容词,如"不漂亮"等。本文讨论的主要是后者。

按照一般的语感和认识,"干净"的反义词是"脏","安全"的反义词是"危险"。"不干净"和"不安全"都有相应的"有点儿/很不干净"和"有点儿/很不安全",但"不脏"和"不危险"可以说,"有点儿/很不脏"和"有点儿/很不危险"却不能说。

为什么会这样?我们的解释是,"不干净"和"不安全"之类的"不A"有程度性,是一个否定前缀构成的形容词,因此可以进入句法槽Ⅰ和句法槽Ⅱ;"不脏"和"不危险"之类的"不A"没有程度性,是否定副词"不"和形容词组合而成的短语,因此不能进入句法槽Ⅰ和句法槽Ⅱ。

否定前缀构成的"不A"式形容词可以看作是负极形容词,其量值区间可以理解为$(0,-n]$。有些形容词可以作为原形容词通过添加否定前缀的方式派生出具有程度性的"不A",原词和派生词是两个具有程度性的形容词。如"干净 vs. 不干净""安全 vs. 不安全"等。前者的量值区间为$(0,n]$,后者的量值区间是$(0,-n]$。有些"不A"式形容词如"不耐烦""不像话"在使用上更自由,是无标记项,频率远高于它们的原形容词"耐烦"和"像话"。

"干净""安全"是褒义或正面意义的形容词,"脏""危险"则是贬义或负面意义的形容词;而"激动""兴奋"等可以理解为中性意义的形容词。我们从观察到的一些事实中发现一个倾向:否定前缀派生词的原词大都是褒义或正面意义的形容词,也就是说,"不A"一般都是表示负向的。类似现象其他语言也有,如英语中具有积极倾向意义的形容词可以加上否定前缀构成派生形容词表示消极意义,而相应的具有反义关系的形容词不能通过这种方式构成新词(梁锦祥1999)。例如:

  unhappy unclean unfriendly unfair
  * unsad * undirty * unhostile * unwrongful

最后需要说明的是,形容词的程度性在下面的句法槽中都可以被完全否定:

句法槽Ⅲ:一点儿也不_____

几乎所有的性质形容词都能进入句法槽Ⅲ。也就是说,"不A"的量值都可能是0,因此,褒义或正向意义的形容词组合成的"不A"的程度性必须在量级结构中才能得到保证:"一点儿也不高兴"中的"不高兴"跟"一点儿也不热闹"中的"不热闹"一样,程度量值都是0,换句话说,它们都是短语。

五 概念化和"不A"式形容词的产生

5.1 概念化和"不A"式形容词的产生

概念化(conceptualization),指的是客观世界的万事万物及其关系在人的意识中形成一个一个概念。(蒋绍愚 2014)我们认为,某些短语(特别是高频使用的短语)表达的意义可以逐渐在说者或听者的意识中形成概念,这样的短语可以概念化,概念化以后就会词汇化(lexicalization)。形容词是表达事物性状属性的词,原形容词 A 表达的意义是母语者大脑中业已存在的概念;某些"不 A"一开始是一个短语,但随着高频使用,它表达的意义可能作为一个新的概念存储于大脑之中,这样的短语概念化的结果就是词汇化,这种"不 A"就会变成一个具有程度性的派生形容词。

"【不＋A】"本来是一个句法结构,受程度词修饰之后,整体就有了程度性,即性质形容词的语义量级属性,进而就有可能被认知为某种事物的一种新的性状属性。如"高兴"的另一面未必就是"生气",也可能只是"不高兴"。或者说,当"生气"不能准确表达某种情绪状态的时候,"不高兴"的意义就会随着"程度词＋【不高兴】"使用频率的增加而概念化,并逐渐凝固化,进而整体具有程度性而成为一个派生形容词。结果就是"高兴"和"不高兴"成为两个概念,或者说具有反义关系的两个词。

能不能概念化和词汇化,与原形容词有关。在近代汉语中,常用程度词如表示大量的"颇/甚/甚为/甚是"等都有和"不 A"组合的情况。宋代的例子如:

(15) a. 米之余者,许城中贫民买之,岁凡若干,贫民颇不乐。(《东斋记事》)
   b. 十六日,金使王芮等十三人到阙议割地,其辞颇不逊。(《靖康纪闻》)
(16) a. 所致赠有假金银锭,夷人皆坏坏,使露胎素,使者甚不乐。(《苏轼集》)
   b. 沿汉之地山多美木,近汉之民仰足而有余,以造舟车,甚不难也。(《欧阳修集》)
   c. 五十已后,长进得甚不多。而今人看文字,全然心粗。(《朱子语录》)

"颇/甚不乐""颇不逊"可以理解,但"甚不难""甚不多"等说法则不符合今人的语感。副词"很"产生较晚,清代的"很不 A"有很多不符合今人的语感。如:

(17) a. 现有多少人从他府里走动,弄出多少好处来。我教你个法儿,要他与你相好<u>很不难</u>。这人我也认得,从前他也托过我事情。(《品花宝鉴》)
   b. 章秋谷听了太夫人的解劝,便也渐渐的两下和睦起来,所以秋谷在家,倒也<u>狠不寂寞</u>。(《九尾龟》)
   c. 这件事情闹的<u>很不小</u>,看来很不好办。要请请示,上头是个甚么意思?(《官场现形记》)
   d. 这副纽子我<u>很不爱</u>,你换那副水晶的来罢。(《官话指南》)

上面的语言事实说明,从历时的角度看,"不 A"开始受程度词修饰的时候,只是一种句法规则类推的结果,因此会有"甚不难/多""很不难""很不寂寞"等组合。到了现代汉语,有些"不 A"经历了概念化过程,变成了具有程度性的词;有些不能或者没有概念化,就不符合今人的语感,因为在今人的认知系统里,这些"不 A"如"不难""不多""不爱"不是大脑中的概念,因此也就没有词汇化,"很不难"之类的说法自然也就被淘汰。

5.2 "好不A"三种理解的认知基础

"好不A"三种理解的关键在于"不A"在整体上是否具有程度性。有些"不A"具有程度性,受程度词修饰以后就是一个由否定前缀派生的形容词,它们能受"很/有点儿"修饰,如"不容易""不要脸""不害臊"等,它们在本族人的认知里已经概念化,也已经词汇化。

有些"不A"没有程度性,或者说其程度值为0,如"不热闹""不难受""不伤心""不狼狈""不尴尬"等,它们只是一个短语——本族人大脑中并没有"不热闹"或"不狼狈"这样的概念,换言之,它们并没有概念化,因此也没有词汇化。

"好"与"甚""很"等在表示程度上是相近的,但多了一种"甚""很"等没有的主观语气,因此,"好不A"和"甚/很不A"的相同之处在于表示否定意义;不同之处在于"好不A"可以表示肯定意义——早期的某些"好不A"如"好不重""好不苦""好不滑"都只能理解为表示肯定。到了现代汉语,"好不A"还多了一种需要根据语境辨认的两可式。

相应的"很不A"和"有点儿不A"不能成立的"好不A"只能是肯定式,因为这些"不A"没有概念化,也就没有词汇化,本族人心理词库中不存在"不热闹"这样的概念/词,"好不热闹"只能理解为肯定式,因为"很不热闹"之类的说法不能接受。

相应的"很不A"和"有点儿不A"能够成立的"好不A"大概率是否定式,这时的"不A"具有程度性,已经概念化,是大脑词库中的词,其量级区间是(0,−n)。

只有少数几个表示心情的"不A"的意义需要根据语境判断。因为一方面,像"不高兴"这样的"不A"可以受"很/有点儿"修饰,具有程度性,这时它就可能根据语境理解为否定式;但另一方面,这种"不A"也能进入句法槽"一点儿也_____",其量值也可能是0,这时"好不高兴"就可能会被理解为肯定式。本族语者能够自动识解"好不A"的意义,一方面是因为母语者对具体的"不A"是否概念化和词汇化有比较准确的语感,另一方面则依赖于对"好"表示感叹夸张的觉悟和对语境的理解。

六 "不A"式形容词词表及其教学

6.1 "不A"式形容词词表

语料考察发现,"好不A"在现代汉语中还有一定的使用频率(237/1200万),而"很不A"和"有点儿不A"的使用频率又比"好不A"要高得多。但总体来说,具有程度性的"不A"数量要远远少于没有程度性的"不+A"——现代汉语性质形容词有数百个,它们都可以受否定副词"不"的修饰,但其中只有一部分"不A"可以受程度词修饰。

汉语二语者既缺乏本族人那样的语感,也没有概念化意识,因此"好不A"很难习得,这是可以预测的。不仅如此,"很不A"和"有点儿不A"等"程度词+不A"格式可能也不容易系统习得。为了证实我们的猜测,我们调查了复旦大学国际文化交流学院的汉语中介语语料库(300万字左右,水平包括初级、中级和高级),发现"好不A"和"很/有点儿+不A"的输出都很少,前者主要是"好不容易",且存在相当比例的语用偏误。例如:

(18)a. Bass、吉他好不容易学。
b. 当一个父亲是好不容易的。

有鉴于此,我们认为,在汉语二语教学实践中,应该把"程度词+不A"格式作为一个语法项目进行教学。目前的教学处理一般是在中高级阶段把"好不容易"和"好不热闹"作为口语中的特殊用法进行教学,几乎没有涉及相关的"很不A"和"有点儿不A"以及其他的"程度词+不A",这是不够的。中介语语料中"程度词+不A"输出不足的原因很可能是教学中没有足够的输入。因为如果输入不足,输出自然也会不足,习得也就很难发生。

要想在汉语二语教学中对"程度词+不A"格式进行输入教学,首先要搞清楚哪些"不A"能够进入这一格式。本文提出的两个快速判断句法槽可以基本解决这一问题。我们对新HSK词汇大纲和《高等学校外国留学生汉语教学大纲(长期进修)》常用词汇表中的形容词进行了逐个调查,发现共有70个形容词(不排除遗漏的)可以和否定前缀"不"组合成具有程度性的"不A",它们都可以进入本文提出的句法槽"很/有点儿____"。具体如下:

不安全　不聪明　不地道　不端正　不发达　不方便　不富裕　不干净
不高兴　不公平　不好吃　不好听　不合理　不合适　不合算　不简单
不健全　不结实　不谨慎　不开心　不可靠　不客气　不快活　不快乐
不老实　不乐观　不灵活　不流利　不满意　不明白　不明确　不明显
不耐烦　不便宜　不平静　不普通　不恰当　不谦虚　不清楚　不热情
不容易　不实惠　不实用　不实在　不适当　不舒服　不熟练　不顺利
不踏实　不痛快　不妥当　不完善　不完整　不稳定　不像话　不小心
不孝顺　不新鲜　不虚心　不严肃　不要脸　不一致　不友好　不愉快
不扎实　不真实　不整齐　不正常　不正经　不准确

总体来看,这些"不A"式形容词都具有主观性,表示说话人对事物的主观看法/评价或个人的心情/感受,这些带有主观性的"不A"在日常生活中经常使用,很容易因概念化而词汇化。

6.2 相关教学建议

除了"好"之外,其他的程度词如"有点儿""很""非常""最"等修饰"不A"以后构成的"程度词+不A"都只有否定一种理解。其中的"不A"具有程度性,整体上可以看作一个性质形容词。

从我们调查的中介语语料实际来看,"程度词+不A"格式的习得情况很不乐观,在汉语二语教学实践中有重视的必要。由于存在相应的可以基于规则类推的"程度词+A",教学的突破口其实就是对"不A"式形容词的教学。对此,我们有几点粗浅的建议:

第一,应该在初级阶段进行"很/有点儿不A"的教学,具体教学可以在"程度副词"语法点中进行,顺序应该在"程度副词+A"之后。

第二,应该先教"很不A",然后再教"有点儿不A",因为"有点儿"的习得难度明显高于"很"。

第三,在教材编写时,可以参考6.1节的"不A"式形容词词表,在教材词汇表中相应的性质形容词后面,都加上"不A",作为A的派生词进行教学;如果教材没有,教师在实际课堂教学中可以选择性增加补充。另外,课文编写、课堂操练和课后练习中也应该有意识地增加"不A"式形容词的输入。

第四,"好不A"应该特殊处理,放在中高级阶段进行教学。其内部顺序应该是先教否定式,再教肯定式。因为否定式"好不A"跟"很不A"表达的程度意义相近,理解起来并不困难,可以在初中级(主要是中级)阶段进行教学(特别是"好不容易");肯定式"好不A"的教学应放在中高级(主要是高级)阶段进行,先教"好不热闹",再适度类推到"好不难受""好不伤心""好不狼狈"和"好不尴尬"等。

注 释

① 有两个词需要说明:"要脸"单用时是动词短语,但本文讨论的"不要脸"是形容词[《现代汉语词典》(第7版)],为行文方便,这里把"要脸"处理为形容词;《现代汉语词典》(第7版)把"满意"标注为动词,其实它有形容词的特点,对外汉语教学界有时就把"满意"处理为形容词,如国家汉办2002年颁布的《高等学校外国留学生汉语教学大纲(长期进修)》,本文为对外汉语教学而作,故把它处理为形容词。

参考文献

何金松(1994)《虚词历时词典》,湖北人民出版社。

梁锦祥(1999)否定形容词与前缀IN-、UN-、NON-,《外语与外语教学》第10期,14—18页。

刘 丞(2014)《非句法结构反问形式的演化及其动因与机制——基于构式功能转化》,上海师范大学博士学位论文。

罗琼鹏(2018)量级结构与汉语形容词的极性对立问题,《语言研究》第2期,24—31页。

蒋绍愚(2014)词义和概念化、词化,《语言学论丛》(第五十辑),商务印书馆,249—279页。

沈家煊(1994)"好不"不对称用法的语义和语用解释,《中国语文》第4期,262—265页。

沈家煊(1999)《不对称和标记论》,江西教育出版社。

石毓智(1992)《肯定和否定的对称与不对称》,台湾学生书局。

石毓智(2003)形容词的数量特征及其对句法行为的影响,《世界汉语教学》第2期,13—26页。

武振玉(2004)程度副词"好"的产生与发展,《吉林大学社会科学学报》第2期,59—63页。
袁　宾(1984)近代汉语"好不"考,《中国语文》第3期,207—214页。
张国宪(2006)《现代汉语形容词的功能与认知研究》,商务印书馆。
张海涛(2008)"好不X"格式的发展演变初探,《焦作师范高等专科学校学报》第4期,19—21页。
张谊生(2010)《现代汉语副词分析》,三联书店。

作者简介

高顺全,复旦大学国际文化交流学院教授,博士生导师,主要从事汉语国际教育和汉语二语习得研究。Email:gaoshunquan@fudan.edu.cn。

陈晓雨,复旦大学国际文化交流学院汉语国际教育专业硕士研究生。Email:19210800028@fudan.edu.cn。

CSL学习者类义易混淆词"大—多""小—少"的混用分布及影响因素*

——基于词汇类型学视角的分析

苏向丽

北京语言大学汉语国际教育研究院

提　要　"大—多"和"小—少"是不同母语背景汉语学习者的共通性易混淆词,本文基于中介语语料库分析这两对词的混用分布,然后从词汇类型学视角跨语言考察了"大、小、多、少"的词汇化方式与语义扩展的典型模式,在此基础上探讨这两对类义易混淆词混用的影响因素。研究表明:表示空间量大小和数量多少的概念在世界语言中存在同词化和非同词化两种类型;这两组概念的主导词在隐喻机制下分别由空间域和数量域向抽象域映射,不同语言的语义扩展呈现出"空间型"和"数量型"两种典型的模式;不同母语背景的汉语学习者对这两对类义词的混用受到语言共性因素和语言差异的影响。

关键词　词汇类型学　类义易混淆词　词汇化　同词化　语义扩展

引言

　　Greenberg(1991:39)认为,"中介语或第二语言在揭示人类语言能力的研究中与第一语言具有同等重要的意义,二者都可以为语言研究的总体目标提供重要的参照点"。语言类型学和二语习得的互动可以促进彼此的发展。(孙文访 2012)

　　词汇类型学(lexical typology)是词汇语义学与语言类型学相结合产生的一门新学科,主要关注语言中"把语义材料包装进词语的独特方式"(Lehrer 1992:249)。尽管不同语言词汇从表面看是没有规律的,但通过系统比较可以发现规律。目前词汇类型学主要

---

* 本研究获国家社科基金一般项目"基于词汇类型学的CSL学习者空间量度范畴形容词的习得研究(项目批准号 16BYY101)"经费支持。本文部分内容曾在"第六届汉语特征与汉语教学国际研讨会"上报告,感谢鹿士义教授与李红印教授对本研究提出了宝贵的建议。感谢《汉语教学学刊》的匿名审稿专家提出的宝贵意见。

从定名学、符意学和词汇语法互动三个视角展开跨语言研究。(贾燕子、吴福祥 2017)

在二语学习者的中介语中,词汇错误在各类言语错误中比重最高,词语混淆是词汇错误的重要类型之一。张博(2007)提出汉语词汇教学中词语辨析的研究要从汉语到中介语视角转移,只有结合学习者混用的实际进行词语辨析才能真正提高词汇的学习效率。面向不同母语背景学习者的易混淆词研究关注学习者词语混用的共通性与特异性。从词汇类型学视角研究中介语易混淆词将有助于分析词语混用的深层成因,反之,中介语中易混淆词的混用表现会为词汇类型学的研究提供佐证和研究线索。

一 汉语中介语类义易混淆词"大—多""小—少"的混用分布

1.1 类义易混淆词

汉语中介语易混淆词类型丰富,如理性意义基本相同的近义词、具有相同语素的词、声音相同或相近的词、字形相近的词、多义词、汉字词等。此外,还有一类词是具有类义聚合关系的易混淆词。类义词有广义和狭义之分,本文所涉及的是狭义的类义词。邢福义(2002:219)指出,"狭义类义词指属于同一个语义场、表示同类概念,而没有上下义、同义或反义关系的一组词"。在汉语中介语中有些类义词是汉语二语学习者的易混淆词。如苏向丽(2015)研究发现单音量度形容词在汉语中介语中混用错综复杂,其中"大、小"和"多、少"的混用最为严重。例如:

(1)事实上中国的人口是世界上最【大】的。　　　　　　　　(大→多,英)
(2)这件事情真让我觉得有很【多】压力。　　　　　　　　　(多→大,印尼)
(3)我跟爸爸在一起的时间比一般的孩子【小】的多。　　　　(小→少,日)
(4)我和他成功结婚的概率很【少】。　　　　　　　　　　　(少→小,韩)

上述例句显示不同母语背景学习者都混用了这两组词。"大"指在空间量上超过一般的或超过所比较的对象,"小"与之相反;"多"指在数量上超过一般的或超过所比较的对象,"少"与之相反。

空间量和数量都是人类最基本的量范畴。"'量'是人们认知世界、把握世界和表述世界的重要范畴。"(李宇明 2000:30)一般语言中都有表空间量和数量概念的词汇编码,在斯瓦迪士 200 个核心词列表(swadesh list)中,表达这些概念的英语词 big,small,many,few 都位于前列。形容词表示事物的形状、性质和状态等,可以反映事物的多种属性特征,其中"一些是表示量度性质的"(马真 1986)。"大、小、多、少"都含有[＋量度]语义特征,共存于量度语义场,其中"大"和"多"、"小"和"少"具有类义关系,"大—多"和"小—少"则是两对典型的类义易混淆词。研究核心词汇中的典型类义易混淆词具有重要价值,有助于发现不同语言中常用概念的认知规律和特点。

1.2 易混淆词"大—多"和"小—少"的混用分布

本文首先基于约 1507 万字汉语中介语语料库①,筛选确定出"大—多"和"小—少"混用的误例 532 条。其中"大"和"多"混用 224 条,约占 42%,"小"和"少"混用 308 条,约占 58%,"小—少"的混用高于"大—多"。在误例分析的基础上,本文重点考察了这两对易混淆词描述事物不同量范畴的混用分布以及不同母语背景学习者的混用分布。

1.2.1 "大—多"和"小—少"描述不同量范畴的混用分布

李宇明(2000:30)认为"量范畴是由若干次范畴构成的系统"。这两对易混淆词主要在描述物量(计算事物数量)、动作量(计量行为动作或行为的力度、范围、幅度、次数等)、空间量(计量事物的长度、面积、体积等)、时间量(计量时间)时出现混用,此外在表达数量概念时也出现混用。如:

(5)一般人吃饭的时候,点的菜多,但是吃光的菜【小】。　　　　(小→少)(物　量)
(6)我在大阪工作时也受到了很【多】欢迎。　　　　　　　　　　(多→大)(动作量)
(7)我出生在农村的一个很【少】的村子里。　　　　　　　　　　(少→小)(空间量)
(8)你们一定会喜欢的,她比我【多】一岁。　　　　　　　　　　(多→大)(时间量)
(9)希望掌握好汉语的留学生比率很【少】。　　　　　　　　　　(少→小)(数　量)

上述误例中(5)在描述具体事物量时误用,(6)在描述受欢迎这一行为时误用,(7)在描述村子的空间量大小时误用,(8)在比较年龄时误用,(9)在表示数值大小时误用。根据统计,这两对混淆词在不同量范畴中的混用分布如下:

表 1　"大—多"和"小—少"在不同量范畴的混用分布

混淆词	物量		动作量		时间量		空间量	数量	合计
	人/具体	抽象	具体	抽象	年龄	时长			
大→多	11	36	0	22	0	1	0	9	79
多→大	4	73	7	17	8	0	1	35	145
小→少	32	28	31	5	14	11	2	16	139
少→小	3	32	4	3	104	0	16	7	169
合计	50	169	42	47	126	12	19	67	532
比重(%)	9.4	31.8	7.9	8.8	23.7	2.2	3.6	12.6	100.0
合计(%)	41.2		16.7		25.9		3.6	12.6	100.0

由上表可知,这些混淆词在不同量范畴的混用分布如下:物量范畴 41.2%＞时间量范畴 25.9%＞动作量范畴 16.7%＞数量范畴 12.6%＞空间量范畴 3.6%。总体看,在表达物量时混用最为严重,尤其是抽象物量。

1.2.2 不同母语背景学习者"大—多"和"小—少"的混用分布

"大—多"和"小—少"是不同母语背景学习者普遍易混淆的词,是典型的共通性易混淆词,这些易混淆词在不同母语背景学习群体中的具体混用如何?本文选取中介语语料相对充足的五种母语背景学习者的数据,进一步考察这两对易混淆词的混用分布。由于各母语背景学习者语料基数不同,因此主要考察易混淆词混用的相对比重。如下表:

表2 不同母语背景汉语学习者"大—多"和"小—少"的混用分布

混淆词	韩语		日语		蒙语		印尼语		英语	
	数量	比重(%)	数量	比重(%)	数量	比重(%)	数量	比重(%)	数量	比重(%)
大→多	33	12.9	7	6.8	2	6.1	13	23.2	17	28.3
多→大	48	18.7	41	39.8	16	48.5	17	30.4	21	35.0
小→少	88	34.4	16	15.5	10	30.3	14	25.0	7	11.7
少→小	87	34.0	39	37.9	5	15.1	12	21.4	15	25.0
合计	256	100.0	103	100.0	33	100.0	56	100.0	60	100.0

由上表可以看出:韩语背景学习者"少⇌小"的误用程度高于"大⇌多";日语背景学习者"多→大""少→小"的误用程度高于"大→多""小→少";蒙语背景学习者"多→大"误用程度最高,其次是"小⇌少",误用最少的是"大→多";印尼语背景学习者四种情况近似;英语背景学习者"大⇌多"的误用程度高于"小⇌少"。

"大/小"和"多/少"在不同量范畴中混用,且存在于不同母语背景汉语学习者中。要进一步分析制约这些词混淆的影响因素,应该深入到目的语与母语的跨语言比较中。因此本研究首先借助词汇类型学理论,从定名学视角和符意学视角分析"大/小"和"多/少"的词汇化方式与语义扩展的规律,然后在跨语言比较的基础上再进一步探讨学习者"大—多"和"小—少"混用的影响因素。

二 定名学视角的"大/小"和"多/少"词汇化的跨语言比较

词汇类型学从定名学视角(onomasiological perspective)考察某一(些)概念的词汇化和在特定概念场的切分方式。词汇化(lexicalization)探索语言中不同概念的编码模式,即由意义到词的映射过程。本节首先考察汉语"大/小""多/少"概念的词汇化方式,再基于跨语言材料考察它们在不同语言中的词汇化方式,最后分析不同语言中这些概念词汇化的类型特征。

2.1 汉语"大/小"和"多/少"概念的词汇化

在不同时期、不同区域的汉语中都有表达"大/小"和"多/少"概念的主导词。主导词是指"表征某一概念的几个词语中最常用的那个词,该词多具有义域广、使用频率高、句法功能强的特点"。(贾燕子、吴福祥 2017)

2.1.1 汉语古今表征"大/小"和"多/少"概念的主导词

根据《古辞辨》(王凤阳1993/2011),本文考察了古今表征上述概念的主导词。这些词主要有"巨、大""细、小""众、多""寡、少"。其中表征空间概念的"大"在古今都一样,表示空间量。"巨"在上古与"大"是方言同义词,"巨"常与"大"对举,后来常与"细"对举。"细"和"小"都表示"微也"。表征数量概念的"众"一般"指人数的多",而"多"则泛指"数量的多"。"寡"和"少"相比,"寡"由"指人少"到趋向泛化。上古"寡"使用较多,但后来"少"更为常用。现代汉语中表达这些概念的主导词是"大、小、多、少"。"巨、细、众、寡"在汉语的发展过程中降为语素,主要用于构词,"细"表示"小"的用法则还保留在南方一些方言中。

2.1.2 现代汉语方言表征"大/小"和"多/少"概念的主导词

在汉语方言中,根据《汉语方言词汇》(1995)的统计(该书统计了20个方言区),表征"大"和"少"概念的词在所有方言区都一致,这两个词是各方言区的通用词。表示"小"概念的词在不同方言区共有3个,分别是"小、细、嫩",其中北京、济南、西安、太原、武汉、成都、合肥、扬州、苏州、温州、建瓯使用"小",长沙、南昌使用"小"和"细",双峰、梅县、广州、阳江、厦门、潮州使用"细",福州使用"嫩"和"细"。表示概念"多"的词有3个,分别是"多、㴔、加"。20个方言区有16个地区使用"多",厦门、潮州地区使用"㴔、加",福州、建瓯地区使用"㴔"。

从这几个概念在汉语古今的发展、方普的分布看,汉语中有专门表示空间概念的词"大、小"和表示数量概念的词"多、少",不仅自古至今都在使用,而且在地域分布上广泛,是稳定的主导词。

2.2 跨语言审视"大/小"和"多/少"概念的词汇化

2.2.1 汉外六种语言中表征同一概念的对应主导词

跨语言分析概念的词汇化可以通过不同语言中的主导词考察。本文以六种语言为例,通过词典调查法和母语者访谈法,在共时层面确定出这些语言中表征空间概念"大/小"和数量概念"多/少"的主导词,列表如下:

表3 汉外语言中表征"大/小"和"多/少"概念的主导词

现代汉语	韩语	日语	蒙语	印尼语	英语
大	크다(keuda)	大きい(ookii)	том(tom)	besar	big,large
小	작다(jakda)	小さい(chiisai)	жижиг(jijig)	kecil	little,small
多	많다(manhda)	多い(ooi)	их(ikh)	banyak	many,much
少	적다(cekda)	少ない(sukunai)	бага(baga)	sedikit	few,little

根据对表示"大/小"和"多/少"概念的主导词的初步调查发现：(1)以上语言中都有表征这些概念的词,在主导词的数量上,多数语言对应的主导词数是 1 个,只有英语每一个概念都有 2 个对应的主导词,如"多"对应的主导词是 many(用于可数名词)和 much(用于不可数名词);(2)在主导词的形式与发音上,汉语中"小"和"少"近似,韩语中的작다(jakda)和적다(cekda)近似,日语中使用汉字词,词形与汉语一致,发音不同;(3)在表达这些概念时,英语中 little 可以同时表示"少"和"小"两个概念,其他五种语言在共时层面没有出现这种现象。

2.2.2 基于跨语言数据库考察"大/小"和"多/少"概念的同词化

英语中表达"小"和"少"的概念被共同编码为一个形式 little,这类词汇化表现可以视为"同词化(colexification/colexify)"。"同词化"是 Alexandre François(2008)提出的,指的是"两个或两个以上的意义(sense)被编码(code)或词化(lexify)为同一个词汇形式(the same lexeme)"。即,若意义 A 和 B 在某个语言中用同一个词汇形式来表达,那么在这个语言里意义 A 和意义 B 被同词化了。②也有研究称之为"共词化"。世界其他语言中是否也存在"小"和"少"的同词化现象？"大"和"多"的概念是否也可以被同词化？同词化的考察有助于深入了解这些概念的词汇化方式以及这些词语在不同语言中的关系。

本文基于在线同词化数据库(CLICS³)③考察了不同语言中这些概念的同词化分布情况。CLICS³ 是一个同词化在线数据库,包含 2638 种同词化模式。根据该数据库可知：(1)有 44 种语言将"BIG(大)"和"MANY(多)"同词化为一个词,共分布在 23 个语系(语族)中,其中同词化最多的语系(语族)是印欧语系和南岛语系,都有 8 种语言;(2)有 124 种语言的"SMALL(小)"和"FEW(少)"被同词化为一个词,共分布在 30 个语系(语族)中,其中大西洋-刚果语系中同词化的语言最凸显,共有 42 种语言,约占 33.9%,其次是印欧语系和南岛语系,分别是 15 种与 12 种。

2.3 "大/小"和"多/少"概念词汇化的类型特征

词汇化是在语言系统中将概念转化为词的过程。"大/小"和"多/少"两组概念的词汇化总体呈现出两大类型:同词化类型和非同词化类型。(1)一种语言将"大/小"和"多/少"这两组概念使用共同的编码形式,用相同的词表示,属于同词化类型。同词化数据库中所收录的就是这类词语。同词化在一种语言中易产生一词多义现象。(2)一种语言中将"大/小"和"多/少"看作不同的概念,分别用不同的词表示,属于非同词化类型。如本研究所调查的汉语、日语、韩语、印尼语、蒙语都没有将这两组概念同词化,而是都有独立表达这些概念的词语,但是语义关系密切。这些词属于同级的两个概念场,在语义上都具有共同的语义特征,因此在语义上具有一定的关联,"大"和"多"、"小"和"少"是两组具有类义关系的词。

蒋绍愚(1999)认为,"人们对客观世界认知的过程不是机械的、照相式的反映,而是能动地认识世界"。同词化与非同词化两种类型的词汇化方式也反映了两种不同的认知方式和概念化方式。不同语言中"大/小"和"多/少"的词汇化方式也会影响二语学习者对汉语词语的选择和使用。

三 符意学视角的"大/小"和"多/少"语义扩展的跨语言比较

词汇类型学从符意学角度考察某一些概念的语义关联和语义衍生。不同语言中表征"大/小""多/少"概念的主导词有哪些语义扩展？哪些是不同语言中普遍存在的？哪些是不同语言中特有的？是否有典型的语义扩展模式？本节重点考察六种语言中形容词"大/小""多/少"语义扩展的异同及典型的扩展模式。④

3.1 跨语言研究"大/小""多/少"语义扩展的基础

本研究选取汉外词典中同样规模和性质的词典作为观察目标词词义的基础，同时借助各国权威的电子词典考察这些概念的词义，并对不同母语背景的高水平汉语学习者或研究者进行访谈分析。不同语言的词典对义项的释义千差万别，义项划分更是不同，但词典释义仍然是了解词义的重要窗口和研究基础。

3.2 跨语言考察形容词"大/小"的语义扩展及分布特征

隐喻是一种表征概念的重要方式，扩展义是通过隐喻机制衍生出的各种意义。人们习惯于把空间的范畴和关系投射到非空间的范畴和关系上，借以把握各种各样的非空间范畴和关系。根据对不同语言词典对"大/小"的释义的分析，发现这些词语由空间域向抽象域的扩展主要表现在如下范畴中：时间量、数量、程度量、规模与范围、力量强度、感知量、等级评价量等。

3.2.1 跨语言的形容词"大/小"语义扩展的表现

1. "大/小"表示时间量

用空间概念表示时间概念是很多语言中普遍存在的一种现象。汉语"大/小"表示时间还可具体细化为：是否成年、年龄大小、排行、强调时间、时间长短等。韩语keuda/jakda（大/小）可以表示是否成年、排行等。日语ookii/chiisai（大/小）可以表示是否成年、年长年幼、年龄、排行等。蒙语tom（大）可以表示长大成人、排行等。印尼语besar/kecil（大/小）可以表示是否成年、年龄。英语主要由big/little（大/小）表示时间上的是否成年、年长年幼、时间长短等。以上语言中表示空间概念"大/小"的词大多数都可以向时间域扩展，其中表示成年与否是最普遍的扩展路径，在表示年龄、排行等其他时间义时，不同的语言存在一定的差异，如汉语、印尼语、日语可以用"大/小"表示年龄，而英语、蒙语、韩语不用"大/小"表示年龄。

2. "大/小"表达数量

世界很多语言将空间量概念"大/小"和数量概念"多/少"同词化，说明这两个概念之间的关系密切。有些语言没有将其同词化，但是在语义扩展时又密切地关联在一起。通常体积越大，所占空间量越大，组成单位的数量也就越多，空间量和数量之间存在着相似联系,因而"大/小"可以由空间域映射到数量域。本文所考察的六种语言的"大/小"都可以表示数量多少。

3. "大/小"表示程度量

"程度"指事物变化达到的状况。"大/小"在表示具体事物的概念时强调事物整体量,在表示抽象概念时可以表达程度量。很多语言中用"大/小"表示抽象事物的程度量,在六种语言中,有五种语言都可以用空间概念表达程度。只有蒙语一般不用空间概念 tom/jijig(大/小)表示程度量,而用 ikh/baga(多/少)。

4. "大/小"表示规模与范围

"大/小"基本义表示空间量,空间面积都覆盖一定的范围,覆盖面积的大小决定涵盖范围的大小,因此表示空间概念的"大/小"向范围规模域映射。这是多数语言普遍的认知倾向。上述六种语言的"大/小"都可以表示规模范围大小。

5. "大/小"表示力量强度

力量域中不仅包含自然现象所产生的力,如"大风、小雪",也指动力以及动作行为对其他事物产生的影响。(刘桂玲 2017)"大/小"有向力量域和强度域映射的用法,用于表示力量和强度大小。(朱利华 2011)汉语用"大/小"表达力量,如"劲儿大、阻力很大、力气大"。汉语还用"大/小"修饰自然现象的强度,如"大风、大雪、大雾"。韩语、日语、蒙语、印尼语、英语一般较少或不用"大/小"的概念表示自然现象的力量和强度。如:英语 small 可以表示力量"Strength is small(力量小)",但是"力量大"用 powerful 或 strong。印尼语用 besar/kecil(大/小)则一般强调的是自然现象的规模性。多数语言使用其他形容词表达,如"多/少""强/弱""轻重"等词语。汉语"大/小"表达力量和强度是汉语比较凸显的语义扩展路径。

6. "大/小"表示感知量

感知主要包括听觉、视觉、嗅觉、味觉四种。感觉辐射和扩散都与一定的空间有关,有的语言将空间域映射到感知域。听觉是声波作用于听觉器官后引起的感觉。声音是听觉的直接感应。有五种语言(除了蒙语)都用"大/小"形容声音。用"大/小"描述声音是多种语言普遍的表达方式。此外,汉语"大/小"还可以表示味觉中的气味大小,如"酒味大、烟味小";"大"还可以表示视觉中颜色的深度,如"大红色、大绿色"。这是其他语言很少使用的表达方式。在感知量中汉语的语义扩展要强于其他语言。

7. "大/小"表示等级评价量

空间量"大/小"也可以向评价域映射,事物的体积大小往往影响着在社会中的作用和影响力,这是空间域向等级评价域投射的认知基础。空间量"大/小"表等级评价义是各语言中普遍存在的语义扩展路径。六种语言都可以用"大/小"表达等级评价。

3.2.2 形容词"大/小"语义扩展的跨语言分布特征

六种语言中形容词"大/小"的语义由空间域向抽象域扩展,总体分布如下表:

表 4　不同语言"大/小"由空间域向抽象域扩展的范畴分布

范畴		汉语		韩语		日语		蒙语		印尼语		英语			
		大	小	keuda	jakda	ookii	chiisai	tom	jijig	besar	kecil	big	large	samll	little
空间		+	+	+	+	+	+	+	+	+	+	+			+
时间量	强调	+												+	+
	指示	+													
	成年	+	+	+	+	+	+	+		+	+	+			+
	长幼	+	+	+	+	+	+		+		+	+		+	+
	年龄	+	+	+	+	+	+	+		+					
	排行	+	+	+	+	+	+					+			+
	长短	+	+												
数量		+	+	+	+	+	+	+	+	+	+	+	+	+	+
程度量		+	+	+	+	+	+	+	+	+	+	+	+	+	+
规模与范围		+	+	+	+	+	+					+	+		
力量强度		+	+	+	+	+	+					+	+	+	
感知量	听觉	+	+	+	+	+	+	+	+	+	+	+	+	+	+
	视觉	+				+	+								
	味觉	+				+	+								
等级评价量		+	+	+	+	+	+	+	+	+	+	+	+	+	+
合计		16	12	9	9	10	10	6	4	8	8	9	6	8	9

由上表可以发现不同语言"大/小"语义扩展的分布特征。(1)从语义扩展的路径看，本文所研究的六种语言中的"大/小"都从空间域向抽象域映射。认知语言学界普遍认为，在所有的隐喻中，空间隐喻对人类的概念的形成具有特殊的重要的意义，因为多数抽象概念都是通过空间隐喻来表达和理解的。(蓝纯 1999)表达空间概念的词由空间域向抽象域映射是人类认知的普遍规律。(2)不同语言"大/小"语义扩展比较多的范畴是时间范畴的成年与否、数量范畴、程度量范畴、规模与范围范畴、感知中的听觉范畴、等级评价范畴，这些范畴可以反映出人类认知的共性倾向。语义扩展较少的范畴则反映出不同语言认知的个性倾向。(3)通过上表统计数据可知，从空间域向抽象域进行语义扩展能力最强的语言是汉语，语义扩展能力最弱的是蒙语，其余语言的语义扩展能力居中。

3.3 跨语言考察形容词"多/少"的语义扩展

数量概念不像空间概念那样具有基础的认知地位，但是在隐喻推导作用下，根据某一特征的相似性，数量概念也会从数量域向其他抽象域映射。

3.3.1 跨语言的形容词"多/少"语义扩展的表现

与"大/小"相比，不同语言中"多/少"的语义扩展相对较少，多数形容词"多/少"的语义扩展主要集中在数量域范畴，如汉语"多/少"，日语 ooi/sukunai，英语 many、much/few，印尼语 banyak/sedikit，等等，这些词的语义没有或很少向其他抽象域扩展，因此这些词主要表达数量多少。韩语、蒙语与上述语言不同，韩语 manhda/cekda 和蒙语 ikh/baga 的语义扩展较为丰富，主要集中在以下范畴：时间量、程度量、规模与范围、力量强度、感知量、等级评价量。

1. "多/少"表示时间量

韩语和蒙语的数量域都可以向时间域映射，但语义扩展的路径不同。韩语 manhda/cekda(多/少)在时间域主要表示年龄大小，如"yeonse-ga manhda(年纪多，指年纪大)"。在韩语中，人的年龄与数字联想在一起，随着长大，年龄越大，岁数越大。数量与年龄在数字上具有一定关联性。蒙语中 ikh/baga(多/少)不表示年龄大小，而是用 akh/düü(哥哥/弟弟)表示年龄的比较，蒙语将年龄与兄弟的语义关联在一起。但是蒙语 ikh/baga(多/少)表示时间的内涵丰富，可以表示排行、未成年等，如"ikh avga(多叔，指大叔)""baga khüükhed(少孩子，指小孩子)"。

2. "多/少"表示程度量

表达抽象事物和行为动作时，比如形容"差异、压力、发展、期望、影响"的程度时，汉语中一般用"大/小"，而韩语常用 manhda/cekda(多/少)，如"chai-ga manhda(差异多)"；蒙语中如"Ter minii khuvid baga nölöötei(他对我的影响很多)"；印尼语中有时也用 banyak/sedikit(多/少)表示程度量，如"tekanan banyak(压力多)"。在上述例句中，"多/少"通常是强调程度，而不是表达数量。

3. "多/少"表示规模与范围

数量多则规模大、范围广,数量与规模和范围之间也有相似性。蒙语常常用数量多少表示规模和范围的大小,如"ikh khural(多会议,指范围大的会议)"。韩语有时候也可以用"多/少"表示规模和范围,如"jeog-eun gyumoui jibhoe(少规模集会)""siheombeom-wi manhda/jeogda(考试范围多/少)"。

4. "多/少"表示力量强度

汉语的"大/小"可以从空间域向力量强度域映射,而有一些语言是通过数量域向力量强度域映射,力量强度的衡量也可以通过一定的单位表示,通常单位的大小是通过数量多少体现的,二者之间有关联。韩语中用 manhda/cekda(多/少)表达雨、雪、风等的力量强度,如"bi-ga manh-i naelida(雨多下,指下大雨)、balam-i manh-i bulda(风多刮,指刮大风)、angae-ga manhda(雾多,指雾大)"。蒙语也用 ikh/baga(多/少)表示雨势、风力等自然现象,如"boroo ikh orokh(雨多下,指雨下得大)"。

5. "多/少"表示感知量

一般各语言都倾向于用"大/小"表示声音,但是蒙语中用 ikh/baga(多/少)的概念表达,如"chimee ikh(声音多,指声音大)、chimee baga(声音少,指声音小)"。这是蒙语 ikh/baga(多/少)语义扩展的独特路径。

6. "多/少"表示等级评价量

"MORE IS BETTER(多为好)"是一个典型隐喻,数量越多越好,等级越高;数量少则不好,等级低。因此,数量域可以向等级评价域映射。但六种语言中只有蒙语 ikh/baga(多/少)向等级评价域映射,且在本民族语言中使用频率高。如"ikh bagsh(多老师,指尊敬的伟大的教师)、ikh emc(多医生,指卫生医疗行业教育程度高的专家)"。再如表示等级的例子"ikh güren(多国,指大国)、ikh surguuli(多学,指大学)、ikh khot(多城市,指大城市)"。

3.3.2 形容词"多/少"语义扩展的跨语言分布特征

六种语言中形容词"多/少"由数量域向抽象域映射,多数语言"多/少"只表示数量,韩语和蒙语的语义扩展到其他抽象域比较多,总体分布呈现如下表:

表 5 不同语言"多/少"由数量域向抽象域扩展的范畴分布

范畴		汉语		韩语		日语		蒙语		印尼语		英语			
		多	少	manhda	cekda	ooi	sukunai	ikh	baga	banyak	sedikit	many	much	few	little
数量		+	+	+	+	+	+	+	+	+	+	+	+	+	+
时间量	年龄			+	+			+	+						
	排行							+	+						
程度量				+	+			+	+						
规模与范围				+	+			+	+	+	+				
力量强度				+	+			+	+						
感知量								+	+						
等级评价量								+	+						
合计		1	1	5	5	1	1	8	8	2	2	1	1	1	1

由于汉、日、英、印尼这些语言中表示概念"多/少"的词的扩展义主要集中在数量域中，因此上文重点分析了韩语和蒙语，蒙语ikh/baga(多/少)的语义扩展比韩语manhda/cekda(多/少)更丰富，韩语主要表现在时间年龄范畴、程度范畴、规模与范围以及力量强度范畴，蒙语则表现在上述所有的量范畴中。可以看出，蒙语是由数量域向抽象域语义扩展能力最强的语言。

3.4 跨语言分析"大/小"和"多/少"语义扩展的典型模式

上文通过跨语言比较分析了空间概念"大/小"和数量概念"多/少"的语义扩展分布，从中可以发现两种倾向凸显的语义扩展模式："空间型"与"数量型"。"空间型"语义扩展倾向于用表示空间概念的"大/小"向抽象域扩展。所调查的六种语言中多数由"大/小"扩展出很多语义，其中汉语语义扩展能力最强，意义最丰富，印尼语、日语、英语、韩语空间"大/小"也都具有较强的语义扩展能力，蒙语语义扩展能力最弱。"数量型"语义扩展倾向于用表示数量概念的"多/少"向抽象域扩展。所调查的语言中"多/少"的扩展能力最强的是蒙语，其次是韩语、印尼语，其他语言都较少向抽象域扩展。不同语言两种类型语义扩展模式的分布可用下图表示：

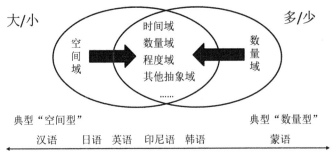

图1 跨语言的"大/小""多/少"语义扩展模式类型分布图

由上图可以看出，左侧是典型的"空间型"语义扩展模式，汉语是典型语言；右侧是典型的"数量型"语义扩展模式，蒙语是典型语言；日语、英语偏重于"空间型"语义扩展模式，韩语、印尼语介于"空间型"与"数量型"之间，在两种类型中都有一些语义扩展。这两种语义扩展模式反映了不同的认知观，语义扩展的差异也受认知差异影响。对于不同语言类型的使用者来说，"空间型"语言(如汉语、日语)的使用者的关注焦点在整个对象上，注重的是事物的整体性，内部的组成部分则成了背景，因而在描述对象时，易选择具有[＋整体性]语义特征的空间量度形容词"大/小"。"数量型"语言(如蒙语、韩语)使用者的认知焦点是内部各个组成部分，而将整个对象当作背景，因而语言使用者关注的是组成部分的数量多少，在表达中倾向于使用数量量度形容词"多/少"。"空间型"语义扩展模式凸显了整体观的认知倾向，如汉语是典型的整体观思维的语言，特别是在时间概念化中比其他语言更突出；"数量型"语义扩展模式凸显了个体观认知倾向，如蒙语是典型的个体观思维的语言。

语义扩展现象不是孤立的、偶然的,往往由同一种思维方式在起制约作用。共同的语义扩展倾向"反映了事物现象之间的客观联系,也体现了不同民族对事物现象之间关系的普遍认识,是人类认知共性的体现"。(张博 2009)不同民族受民族文化的制约和影响,其特定语言中发生的语义扩展又具有一定的特殊性,反映出不同民族认知的个性特征。在二语学习中,不同语言中"大、小、多、少"语义扩展的这种共性与差异都会对学习者形成一定的正迁移或负迁移。

四 基于跨语言比较的"大—多""小—少"混用的影响因素分析

通过对"大/小""多/少"的跨语言分析,我们较为清楚地了解到不同语言中"大、小、多、少"的词汇化方式与语义扩展系统。本节在此基础上进一步探讨汉语中介语中易混淆词"大—多"和"小—少"混用的影响因素。

4.1 词汇化方式对"大—多"和"小—少"混用的影响

不同语言对"大/小"和"多/少"词汇化的模式不完全相同,根据世界同词化数据库可以知道"大/小""多/少"两组概念都在一些语言中被同词化,其中"小"和"少"同词化的语言分布高于"大"和"多"。这与中介语中"小—少"混用高于"大—多"混用的分布是一致的。汉语中的两个词如果在其他语言中被同词化的越多,在中介语中被混淆的可能性也会越高。因为学习者很容易将母语中的同一个词的用法误推到汉语的使用中。

汉语中"小"和"少"没有被同词化,但是在上古时期这是一对同源词,在现代汉语中"小"和"少"也是一对形、音、义较为接近的词,具有类义关系的词如果在词汇化编码中具有"形、音、义相近"的特点,对学习者造成的困扰更大,这也是造成不同母语背景学习者混用的重要因素。如:

(10)我现在读书越来越【小】了。　　　　　　　　　　　　　(小→少,蒙)
(11)如果要吃饭的话需要五六个【少】时。　　　　　　　　　(少→小,韩)

如果学习者母语中的对应主导词也具有形、音、义相近的特点,则更容易导致混用。在调查的五种语言中,韩语中작다(jakda)和젝다(cekda)形、音、义也很近似,因此,韩语背景学习者的"小"和"少"的混用比重比其他母语背景学习者更凸显。

4.2 语义扩展的普遍性与特殊性对"大—多"和"小—少"混用的影响

根据语义扩展的普遍规律,空间"大/小"都可以表示数量多少、程度、规模与范围等。这种人类共同的认知方式有利于二语习得,也有助于二语者顺利习得目标词。但是共同的语义扩展也会给学习者带来疑惑。例如"大/小"和"多/少"都可以表示数量,什么时候使用"大/小"?什么时候使用"多/少"?二者是否可以无条件替换?尽管这些词表示数量是人类普遍的认知倾向,但在具体的词语表达方式中,各语言中的使用倾向并不完全相同。如在汉语中,"大量""少量""大部分"是惯用组合,"多量""小量""多部分"则很少使用,这体现了汉语反义词组合规律的不对称性。不同母语背景的二语学习者对此难以准确把握,他们也很难分清楚汉语中的"大数"和"多数""大多数"的差别。相同的语义关系更易造成"大—多""小—少"的混用,五种母语背景学习者都在表达数量时出现近似的误例:

(12) 我老家北部,冬天降雪量挺【多】。　　　　　　　　　　(多→大,日)

(13) 公司里【多部分】的人是蒙古人。　　　　　　　　　　(多部分→大部分,蒙)

(14) 很多国家为了帮助他们,提供了【多量】粮食。　　　　　(多量→大量,韩)

(15) 【大数】的美国大学生还是把这两个态度其中之一当作自己主要对中国的想法。　　　　　　　　　　　　　　　　　　　　　　　　(大数→多数,英)

(16) 占了最【大数】的同学说他们比较少与别的国家的留学生朋友或与中国朋友交往。　　　　　　　　　　　　　　　　　　　　　　(大数→多数,印尼)

"人类对于同一事物的相似性经验决定了语言表达的相似性,对于同一事物的不同体验导致了语言表达的多样性。"(吴思娜等 2019)目的语与母语之间具体表达形式的差异性也会制约"大/小"和"多/少"的混淆表现。在语义扩展中,汉语是典型的"空间型"语言,倾向于用"大/小"表示抽象域,有些语言是"数量型"语言,倾向于用"多/少"表示抽象域,还有些介于两者之间的语言,空间和数量都表示一定的抽象域。不同类型的语义扩展类型及不同的语义扩展路径会导致学习者混用这些易混淆词,学习者会将母语表达误推到汉语中。如韩语倾向于用 manhda/cekda(多/少)表达年龄,因此,韩语背景学习者出现的这类混用误例很多:

(17) 你们一定会喜欢的。虽然她比我【多】一岁,长得比我还年轻。(多→大,韩)

(18) 我认为你的年纪不【少】,一定要好好照顾身体。　　　　(少→小,韩)

再如,表达自然现象的力量、强度时,汉语倾向于用"大/小",而韩语倾向于用 manhda/cekda(多/少),蒙语用 ikh/baga(多/少)。语义扩展的不同类型导致韩语和蒙语背景的学习者在这一方面混用严重。例如:

(19) 虽说,北京春天风【少】,不管怎么说我在春天不去北京。(少→小,韩)

(20) 这样的我站立在风中,雨有点儿【多】。　　　　　　　(多→大,蒙)

4.3 其他因素对"大—多"和"小—少"混用的影响

目的语和母语的对应关系十分复杂。影响"大—多"和"小—少"混用的因素除了词汇化方式和语义扩展方式,还有很多因素。例如,词语混用最直观的体现往往表现在词语搭配中,学习者如果将母语的搭配关系误推到汉语中,很容易出现"大—多""小—少"的混用,如:

(21)这种事的可能性很【少】。 (少→小,蒙)
(22)这类的人口很【小】。 (小→少,英)
(23)这件事真让我觉得有很【多】压力。 (多→大,印尼)
(24)我认为这样危险性很【多】。 (多→大,日)

上述误例中,"可能性""压力""危险性"在汉语中通常用"大/小"描述,但蒙语、印尼语、日语中可以用"多/少"描述。"人口"在汉语中用"多/少"描述,英语中则用 large/small 表示,如"a large population"。因此,词语间的搭配差异也是导致这些词混用的因素之一。

此外,汉字词也会影响汉字文化圈的汉语学习者的混用。韩语、日语中与"大/小""多/少"有关的汉字词也会导致学习者混淆这两组词。以韩语为例,在韩语中"少数""小数"都用汉字词"sosu"表达,如"sosu minchok(少数民族)""sosuna punsu(小数和分数)",在韩语中形音相同,很容易在汉语中混淆;"少量""小量"都用汉字词"soryang"表达,如"soryangui wiseuki(少量的威士忌)"。由于"少数"和"小数"、"少量"和"小量"在韩语中形式和发音一样,意义相近,因此韩语背景学习者比其他母语背景学习者更容易混用这两个词。如:

(25)不过这有一点问题,这样的方式只可以生产【小量】的农作物,所以还要努力。

(小量→少量,韩)

(26)虽然"绿色食品"会给人们带来饭饱的同时,也会带来健康,是非常好的一种食品,但和使用化肥和农药的农作物比,还是占极【小数】。

(小数→少数,韩)

张赪(2016)指出影响二语习得的因素是多方面的,要厘清各因素的具体作用十分困难。"大—多"和"小—少"的混用受到多种影响因素共同作用。对于二语学习者而言,语言的共性会促进其更好地习得这些词语,个性会阻碍这些词语的习得,但是这些个性并不是无序的,而是有规律、有系统的。不同语言之间的词语不是简单的一一对应,而是处于错综复杂的多种联系之中。对类义易混淆词的研究不仅要进行汉语和母语的对比,还应该跨语言对比,多语言对比才有助于更准确地判断影响的因素,为教学提供针对性的参考。

五 结语

词汇类型学研究从人类语言普遍存在的概念出发,在跨语言对比中揭示普遍范畴在各语言词汇系统中的共性与差异。不同语言词汇的共性特征和个性特征可以投射在学习者的中介语中。本文基于词汇类型学理论,以"大/小""多/少"为例跨语言比较了不同语言中的词汇化方式与语义扩展模式,分析了易混淆词"大—多""小—少"混用的多种影响因素。易混淆词是第二语言学习者在词汇习得过程中受母语和目的语双向影响的产物,类型学视野与中介语互动的研究使我们加深了对类义词本身及类义易混淆词的认识,可以为二语词汇教学和易混淆词辨析提供一定的参考。

注　释

① 中介语语料来源:1.北京语言大学"HSK 动态作文语料库"(约 424 万字);2.北京语言大学"中介语语料库"(约 200 万字);3.北京语言大学"不同母语背景学习者词语混淆分布特征及其成因研究"课题组中介语语料库(约 176 万字);4.鲁东大学"国别化(韩国)中介语语料库"(107 万字),暨南大学"汉语中介语语料库"(400 万字),中山大学"汉字偏误连续性中介语语料库"(200 万字)。合计约 1507 万字。

② 关于 colexification/colexify,吴福祥教授 2016 年在北京语言大学的讲座"多义性、同词化与语义图"中使用"同词化"这一术语。近期基于在线数据库进行的一些研究也使用"同词化"术语,因此,本文使用"同词化"。

③ https://clics.clld.org,同词化在线数据库。查询日期:2020-01-15。

④ 语义扩展主要是研究形容词的语义扩展,对其形容词义向名词、动词、副词等其他实词或功能词类的语义扩展暂不作讨论,亦不涉及由其派生、组合或其他间接手段表达的语义。

参考文献

蓝　纯(1999)从认知角度看汉语的空间隐喻,《外语教学与研究》第 4 期,7-15 页。

李宇明(2000)《汉语量范畴研究》,华中师范大学出版社。

刘桂玲(2017)《认知语义视角下英、汉空间量度形容词对比研究》,东北师范大学博士学位论文。

贾燕子、吴福祥(2017)词汇类型学视角的汉语"吃""喝"类动词研究,《世界汉语教学》第 3 期,361-381 页。

蒋绍愚(1999)两次分类——再谈词汇系统及其变化,《中国语文》第 5 期,323-330 页。

马　真(1986)"很不——"补说,《语言教学与研究》第 2 期,66-69 页。

苏向丽(2015)CSL 学习者单音量度形容词混淆的错杂性与不平衡性,《语言教学与研究》第 1 期,22-30 页。

孙文访(2012)基于语言类型学的第二语言习得研究,《语言教学与研究》第 2 期,1-8 页。

邢福义(2002)《现代汉语》,高等教育出版社。

王凤阳(1993/2011)《古辞辨》(增订本),中华书局。

吴思娜、刘梦晨、李莹丽(2019)具身认知视角下汉语二语情感词的空间隐喻,《世界汉语教学》第 3 期,405-416 页。

张　博(2007)同义词、近义词、易混淆词:从汉语到中介语的视角转移,《世界汉语教学》第 3 期,98-

107页。

张　博(2009)汉语词义衍化规律的微观研究及其在二语教学中的应用,《世界汉语教学》第3期,355—368页。

张　赪(2016)二语语法习得研究的类型学方法探析,《烟台大学学报》第2期,114—120页。

朱利华(2011)从定语位置看空间维度词"大"的隐喻拓展,《湖南社会科学》第6期,165—167页。

Alexandre François(2008) Semantic maps and the typology of colexification: Intertwining polysemous networks across languages. In Martine Vanhove. (ed.). *From Polysemy to Semantic Change: Towards a Typology of Lexical Semantic Associations*. 163—215. Amsterdam: John Benjamins Publishing Company.

Greenberg, J. H. (1991) Typology/universals and second language acquisition. In Thom Huebner &Charles A. Gerguson (eds.). *Crosscurrents in Second Language Acquisition and Linguistic Theories*, 37—43. Amsterdam: John Benjamins Publishing Company.

Lehre, A. (1992) A theory of vocabulary structure: Retrospectives and prospectives. In Manfred Pütz (szerk.) *Thirty Years of Linguistic Evolution: Studies in Honour of René Dirven on the Occasion of His 60th Birthday*, 243—256. Amsterdam: John Benjamins Publishing Company.

工具书

北京大学中国语言文学系语言学教研室编(1995)《汉语方言词汇》,语文出版社。

北京大学东方语言文学系印度尼西亚语言文学教研室编(1989)《新印度尼西亚语汉语词典》,商务印书馆。

牛津大学出版社编,上海外语教育出版社译(2013)《新牛津英汉汉英双解大词典》(第2版),上海外语教育出版社。

中国社会科学院语言研究所词典编辑室(2016)《现代汉语词典》(第7版),商务印书馆。

韩语网络词典 http://cndic.naver.com/ http://dic.daum.net/。

蒙古语网络词典 http://www.cndic.com/mongolia.aspx。

蒙古语网络词典 https://mongoltoli.mn/。

日语在线词典 MOJi辞书 https://www.mojidict.com/。

作者简介

苏向丽,北京语言大学汉语国际教育研究院副教授,硕士生导师,主要从事汉语词汇研究、汉语词汇教学研究。Email:suxiangli0@163.com。

回指表达中的重复名字不利效应*

亓立东　李雨桐　隋　雪

辽宁师范大学心理学院

提　要　回指表达是语言使用中的普遍现象,在语篇整合中起着重要作用。当先行语突显性高时,重复名字回指加工慢于外显代词回指加工,即重复名字不利(RNP)效应。虽然 RNP 效应受到不同语言特性的影响,但具有语言普遍性。信息负荷理论将 RNP 效应解释为加工负荷与语篇功能失衡的外在表现,比较有说服力。未来研究应进一步探寻 RNP 效应普遍性的实验证据,并构建更为完善的回指表达理论,更好地解释回指表达中语篇整合的心理机制。

关键词　回指表达　重复名字不利效应　外显代词　突显性

一　引言

在语篇表达中,连续的文本会出现围绕一个主体(entity)进行叙事推进的情况。同一主体多次出现时,后面位置的主体可以用其他词汇替代,被称为回指表达(Eilers et al. 2018)。回指表达是常见的语言现象,语言表达中常用回指语与先行语建立共指关系,把语篇前后内容连接起来以保证语篇连贯(Almor 1999；Almor et al. 2017b)。重复名字(repeated name)与外显代词(overt pronouns)是两种常见的回指语,如：

张三兴高采烈地走进了电脑城。
　a. 张三买了一台新的笔记本电脑。
　b. 他买了一台新的笔记本电脑。

句 a 使用"张三"进行指代,属于重复名字回指；而句 b 使用外显代词"他"进行指代,

---

* 本文得到以下项目支持：教育部人文社会科学规划基金项目(19YJA190005)；辽宁省教育厅高水平创新团队国外培养项目(2018LNGXGJWP-YB015)；辽宁省教育科学"十三五"规划年度课题(JG16CB341)；全国教育科学"十三五"规划 2019 年度教育部重点项目(DHA190373)；博士后项目(243514)。

就属于外显代词回指。研究发现,当先行语是主语时,重复名字回指的加工慢于外显代词回指的加工。这种重复名字回指导致加工变慢的现象,被称为重复名字不利(repeated name penalty,RNP)效应(Gordon et al. 1993; Yang et al. 1999)。回指表达的效果与先行语的位置以及担任的句子成分有关,当被回指的先行语是前句的主语,并且回指语也为后句主语或处于后句前端时,才会出现 RNP 效应;当先行语是前一句的宾语或回指语为后句宾语时,这种效应则不会出现(Almor 1999)。

二 RNP 效应的语言普遍性

对回指表达早期的研究,就发现了重复名字回指与代词回指的区别。与代词回指表达相比,重复名字回指表达包含更多、更有效的词汇信息,能使回指语更好地与工作记忆中的先行语建立共指关系,比代词回指表达更容易理解(Gernsbacher,1989;Gordon et al. 2000),这些研究发现重复名字回指提高了加工效率,没有出现 RNP 效应。

Gordon et al. (1993)采用自定步速阅读范式考察英文中不同回指表达形式的加工过程,被试每按一次键,屏幕上就会呈现句子的一部分,直到整个句子呈现结束,这种方式可以记录被试阅读句子中关键部分的时间,便于分析比较。在实验材料的设计上,控制了回指语形式和先行语在句子中出现的位置。结果发现,先行语是主语时,读者对使用重复名字回指的句子加工较慢,出现了 RNP 效应。研究者认为,先行语是主语时,由于其在句子中的突显性(saliency)高(突显性是指语篇成分在心理表征中的显著程度,一般情况下句子主语或句子主题的突显性较高),使用重复名字进行回指表达反而会产生冗余信息,所以代词是高突显性先行语的最佳回指形式(Xu & Zhou 2016)。

Yang et al. (1999)采用与 Gordon et al. (1993)相似的研究方法,考察了汉语回指表达加工。研究发现,先行语突显性高时,相对于完整回指表达(重复名字),简化回指表达对语篇连贯性有更大的促进作用。简化回指表达包括外显代词回指、零形代词回指。零形指代是指从意思上讲句子中有一个与上文中出现的某个事物指称相同的所指对象,但是从语法格局上看该所指对象没有实在的词语表现形式(黄娴、张克亮 2009)。这一研究发现汉语回指表达中存在 RNP 效应。

控制先行语突显性、回指语形式、回指语是否为句子主题,对日语回指表达的研究发现,先行语突显性高时,对重复名字回指表达的加工慢于对外显代词回指表达的加工(Shoji et al. 2016,2017)。日语回指表达中存在 RNP 效应。

Gelormini-Lezama & Almor (2011)在控制先行语突显性的条件下,采用自定步速阅读范式研究西班牙语回指表达加工过程。结果发现,当先行语突显性高时,虽然重复名字回指表达与外显代词回指表达在加工时间上没有差异,但是,二者都慢于零形代词回指表达的加工。Gelormini-Lezama(2018)认为,在实际使用中,西班牙语等零形主语

(null subject，即主语省略)语言具有丰富的动词屈折变化，主谓形态紧密结合，即使使用零形代词进行回指，读者也能够通过主谓形态的一致性辨别主语信息，例如"Juan se encontró con María. Estaba contento/Estaba contenta(Juan 见到了 María。他很高兴/她很高兴)"，其中"contento"或"contenta"词尾字母的差异就提供了主语的性别信息，使读者能够轻松辨别主语。因此，在这类语言中重复名字或代词提供的信息量并不比零形代词提供的多，使用它们进行回指是没有必要的(强调或提供新信息除外)，否则很可能出现语法错误或赘述。

有研究表明零形代词是汉语回指的惯用形式，汉语也是一种典型的零形主语语言(孙珊珊等 2015；许余龙 2008)。但是，汉语与西班牙语等零形主语存在较大差异，汉语中动词无屈折变化，不随主语改变而改变(比如英语：He is/I am/ You are；汉语则为：他是/我是/你是)，在零形代词回指的句子中读者无法从动词推测主语信息，主要依赖语篇语境信息与常识信息理解零形代词。因此，汉语中两种简化回指表达形式语篇功能相同，使用时需要根据语篇语境信息与常识信息的丰富度进行选择，并且都能在各自的适用条件下快速地与先行语建立共指关系。

可见，西班牙语中的零形代词、汉语中的简化回指与英语中的外显代词，在回指表达中的语篇功能是相似的，都可以较容易地与突显性高的先行语建立共指关系。所以，在 RNP 效应研究中，汉语应该将重复名字回指与简化回指相比较(Yang et al. 1999)；而以西班牙语为代表的一类零形主语语言中，应该将重复名字回指与零形代词回指进行比较。这表明西班牙语中也存在 RNP 效应(Gelormini-Lezama 2018；Gelormini-Lezama & Almor 2011，2014)。有研究控制了另外两种零形主语语言——巴西葡萄牙语、意大利语中先行语的突显性，考察回指表达形式对语篇整合的影响，结果均表明 RNP 效应的存在(Almor et al. 2017a；De Carvalho Maia et al. 2017)。

零形主语语言是回指表达领域的重要概念，此类语言的一些语法规则使句子在缺失外显主语的情况下依旧能够得到理解。零形主语语言众多，包括汉语、西班牙语、意大利语、葡萄牙语、日语等。而以英语、德语等语言为代表的大多数日耳曼语系的语言，一般都要求句子需包含主语，被称为非零形主语语言。对关于 RNP 效应的众多研究总结后发现，非零形主语语言与零形主语语言中都存在 RNP 效应。另外，无论是在拼音文字中，还是在表意文字中，以往研究也都发现了 RNP 效应存在的证据。由此可以推测，尽管 RNP 效应会受到语言自身特性的影响，但 RNP 效应在不同语言中是普遍存在的，不同语言中回指表达的消解所遵循的普遍规则导致了 RNP 效应的出现。那么，人类回指表达加工过程中为何会出现 RNP 效应，从理论上应如何解释呢？

三 RNP 效应的理论解释

无论是拼音文字还是表意文字,在语篇回指表达中,如果使用重复名字对突显性高的语篇实体进行回指,就会出现 RNP 效应。研究者们从不同角度对回指表达进行了理论建构,来解释回指表达中的 RNP 效应。

3.1 中心理论及对 RNP 效应的解释

Grosz et al. (1983)提出了中心理论(Centering Theory)。中心理论的"中心"是指当前注意状态下激活程度最高的信息,其本质是一种注意驱动理论(李晓庆、杨玉芳 2004)。该理论强调突显性在回指表达中的重要作用,认为高突显性语篇实体的最佳回指形式是代词,否则句子加工就会变慢。RNP 效应产生的原因是回指表达中没有采用外显代词对突显性高的语篇实体进行回指,违反了代词最佳回指原则。

Gordon et al. (1993)测量了被试在不同指代形式下阅读实验句的时间来验证中心理论,结果支持了中心理论对 RNP 效应的解释。但中心理论并没有解释代词最佳回指原则产生的原因及其内在机制。另外,Almor(1999)研究了回指语为代词或名词时句子间的加工差异。当使用名词性短语对高突显性的先行语进行指代时,并没有导致加工时间变长,这说明即使违反了代词最佳回指原则也未导致 RNP 效应。

3.2 可及性理论及对 RNP 效应的解释

Ariel (1990)提出了可及性理论(Accessibility Theory),认为回指语携带的信息量与先行语可及性呈负相关。可及性指从大脑记忆系统中提取一个语言或记忆单位的便捷程度(许余龙 2000;Harris et al. 2000)。研究发现,先行语突显性是可及性的重要影响因素(张德禄、张时倩 2014)。

可及性理论认为,不同的回指语形式加工成本不同,与可及性高的先行语建立共指关系需要低加工成本的回指语,与可及性低的先行语建立共指关系则需要能提供更多信息的回指语。这种先行语可及性与回指语加工成本之间的平衡关系不容打破,否则,会阻碍对回指表达的加工。外显代词的加工成本远远低于重复名字回指语,使用外显代词对可及性高的先行语进行回指,使用重复名字对可及性低的先行语进行回指,才能维持先行语的可及性与回指语加工成本间的平衡。因此,使用重复名字对高可及性的先行语进行回指导致了 RNP 效应。

可及性理论能解释西班牙语 RNP 效应的特殊性。西班牙语的零形代词具备了外显代词的功能,所需加工成本更低,使用零形代词对高突显性的先行语进行回指才能维持回指语加工成本与先行语可及性间的平衡。可及性理论的解释力进一步加强,也不再局限于特定规则。但是,其并未明确认知功能或计算成本背后的心理机制(Almor 1999)。

从可及性理论的视角来看,先行语与回指语之间的距离会影响先行语的可及性,距离越远可及性越低。如果先行语与回指语之间的距离持续增加,重复名字回指表达也将会逐渐成为最佳的回指表达形式,RNP效应可能会消失。但是,Eilers et al.(2018)却发现回指语与先行语之间的距离和回指形式并未产生交互作用,认为由于距离增加导致的信息提取困难与回指语的形式无关,在任何回指形式下都会出现,回指语与先行语的距离并未影响到RNP效应,这与可及性理论的预测相反。

3.3　信息负荷理论及对RNP效应的解释

Almor(1999)设计了自定步速阅读实验,操纵了回指语的功能与加工成本:

A robin ate the fruit.

a. *The robin* seemed very satisfied.
b. *The wet little bird* seemed very satisfied.
c. *The bird* seemed very satisfied.
d. *It* seemed very satisfied.

四种回指表达形式的语义表征不同,导致了它们有不同的加工成本;它们所增加的新信息量也有很大差异,导致它们具有不同的语篇功能。结果发现,当回指语的加工成本能提供相应的语篇功能时,对其阅读速度更快。他在可及性理论的基础上提出了信息负荷假设(Informational Load Hypothesis,ILH),认为回指语的信息负荷应提供相应的语篇功能,如帮助辨别先行语、增加新信息,否则会造成回指语加工成本与语篇功能间的不平衡,阻碍句子的加工。回指语加工成本与语篇功能的优化原则是基于言语工作记忆建立的,回指表达加工过程涉及对工作记忆中先行语表征的再激活,如果工作记忆中先行语信息表征不够清晰,那么需要回指语与先行语有更多的语义重叠才能顺利建立共指关系。回指语相当于提供了记忆线索,但记忆线索并非越多越好,因为,在激活工作记忆中先行语表征信息的同时还需要耗费工作记忆资源对回指语本身进行加工,由于工作记忆资源有限,一旦回指语提供了不必要的冗余信息,会使加工成本增加,造成不同加工过程间的资源竞争,阻碍句子加工过程。重复名字回指语对高突显性的先行语进行回指时,产生较高信息负荷,并未发挥除辨别先行语以外的语篇功能,打破了加工成本与语篇功能的平衡,导致出现RNP效应。

有研究发现先行语与回指语之间存在距离效应,即回指语与先行语间距离较远时(语篇内容增多),工作记忆负荷增加,导致回指表达加工变慢,这说明言语工作记忆在回指表达中的重要性,也说明了信息负荷理论使用工作记忆这一心理机制来解释回指语加工成本与语篇功能最优化原则的合理性(Eilers et al. 2018;Joseph et al. 2015;Parodi et al. 2018)。信息负荷理论更强调回指加工进程中的认知过程(Eilers et al. 2018),并将RNP效应解释为语篇模型中的被指代物表征与回指表达表征的记忆冲突(Peters et al. 2016),通过回指语加工成本与语篇功能的平衡关系解释RNP效应,并且将语用学概念(如增加新信息)与回指加工过程中的心理机制相结合,在工作记忆存储系统的框架中描述了回指语加工成本与语篇功能的最优化原则,对 RNP 效应有较强的解释力。

但是,依据信息负荷理论,如果先行语与回指语之间的语篇内容产生过多的工作记忆负荷,导致工作记忆中先行语表征变得模糊,需要回指语提供更多信息激活先行语表征,这时重复名字回指表达可能是最佳选择。这与 Eilers et al. (2018) 回指语与先行语的距离并不会影响 RNP 效应的观点存在不同,信息负荷理论不能对 Eilers et al. (2018) 的研究结果给出合理性解释。

3.4 产生—分布—理解理论及对 RNP 效应的解释

Macdonald(2013)提出了产生—分布—理解理论(Production-Distribution-Comprehension framework,PDC)。该理论认为:对回指表达产生主要影响的不是语篇语用学信息,而是回指语的使用频率;RNP 效应仅仅反映了回指语使用频率对读者的影响,并不是回指语的加工成本与语篇功能间的不平衡导致的(Almor et al. 2017a)。但是,PDC 理论只是将一些语言现象简单地归因于统计学特征,并没有深入探究其原因。并且,Almor et al. (2017a)对巴西葡萄牙语进行研究发现,RNP 效应没有受到使用频率的影响,说明使用频率与 RNP 效应无关。

上述对 RNP 效应进行解释的这些理论,有共性也有差异性。这些理论都关注了先行语的特性与回指语之间的匹配关系。中心理论认为,先行语的突显性与回指语的匹配影响加工,外显代词与高突显性先行语匹配更容易理解。可及性理论认为,先行语的可及性与回指语的匹配影响理解,高可及性先行语与低加工成本回指语匹配更容易加工。信息负荷理论认为,先行语与回指语匹配的有效性,由语篇功能与加工成本关系决定,语篇功能不变,加工成本低的匹配更容易理解。PDC 理论则认为,先行语与回指语匹配模式的使用频率影响加工,使用频率高的匹配模式更容易被加工。由此可以发现,高突显性先行语的可及性也高,可及性高容易降低加工负荷,而且使用频率高的匹配加工负荷较低,这些理论具有相通之处。不过,上述理论也各具独特性,中心理论强调注意激活的作用,可及性理论更关注先行语从记忆中提取的难易程度,信息负荷理论关注了语篇功能维度的作用,PDC 理论把使用频率与主体预期相结合来考虑语言加工。所以,这些理论相通互补有助于更好地解释回指表达中的 RNP 效应。

四 未来研究展望

RNP 效应反映了两种回指形式对回指表达加工过程的影响。综述发现了 RNP 效应的语言普遍性,总结了能够对 RNP 效应进行解释的主要理论,并分析其解释力。当然,RNP 效应的研究还有一些问题有待未来研究解决。

4.1 RNP 效应语言普遍性的进一步研究

尽管 RNP 效应存在于拼音文字与表意文字中,但是此类研究仅在一些语言中进行,且不同语言间还表现出比较形式及效应大小等方面的差异，因此RNP效应的普遍性还需要更多来自其他语言研究的实验证据。

之前大部分研究采用自定步速阅读范式，记录被试阅读整个关键句的时间然后再进行比较，这种方式时间分辨率低，不能即时在线地了解整个回指表达加工过程，未来研究可以尝试采用眼动记录技术、ERP技术对回指表达的加工过程进行探究。有研究发现RNP效应与一个更负的N400波形有关(Johns et al. 2014；Ledoux et al. 2007)。然而，Almor et al. (2017b)的研究却认为探测到的N400反映了先行语被回指的先验概率，并不是先行语突显性与回指形式匹配性的指标。可见，RNP效应的脑电成分依旧存在争议。

在探究RNP效应普遍性的同时，也不能忽略语言间的差异性。回指语与先行语间共指关系的建立受到句法、语义语境、先行语词频、记忆加工过程等因素的影响(Çokal et al. 2018；Fukumura & Van Gompel 2015)，语言间的差异性导致RNP效应的不同。因此，在未来的研究中需要考虑不同语言的特征，不能只关注外在形式的相似性，还要关注回指语的语篇功能。

4.2 相关理论的解释力有待提高

依据中心理论的代词最佳回指原则对RNP效应进行解释缺乏说服力，并且中心理论并没有解释代词最佳回指原则产生的原因及内在机制；依据可及性理论，使用先行语可及性与回指语加工成本间的平衡关系解释RNP效应，不再局限于特定规则，解释力进一步加强，但是其并未对回指语加工成本与先行语可及性之间相反关系的心理机制进行描述；信息负荷理论在可及性理论的基础之上，考虑到工作记忆在回指表达加工中的作用，使用回指语加工成本与语篇功能的平衡关系解释RNP效应，但可及性理论与信息负荷理论都不能解释Eilers et al. (2018)发现的回指语与先行语间的距离没有影响RNP效应的结果；PDC理论则只是将一些语言现象简单地归因于统计学特征，并没有深入探究其原因。总之，目前尚没有直接解释RNP效应的理论，上述相关理论对RNP效应的解释力也有待提高。

中心理论强调的代词最佳回指原则可能只是回指语使用频率特征的外在表现，而其强调的回指语与先行语匹配性的交际功能，将二者的匹配描述为"言语表达交际规则"，使用频率高的回指形式更符合言语表达交际规则，这与PDC理论有相似之处。可及性理论强调先行语可及性与回指语加工成本间的平衡，信息负荷理论强调回指语加工成本与语篇功能的平衡，二者是相通的；先行语可及性高则表明读者更容易在工作记忆中提取先行语表征，回指语能更容易地与先行语建立共指关系或在先行语的基础上增加新信息，这时只需要回指语提供较少的语篇功能，加工成本较低的回指语将会被选择。Almor et al. (2017a)则尝试将PDC理论与实用主义信息负荷理论相结合，使用基于惯用的使用统计频率约束与实用主义约束共同解释RNP效应，这有利于相关理论的融合，为RNP

效应的理论构建提供了新的方向。

另外,根据信息负荷理论,认知资源有限性对 RNP 效应的产生有直接影响,因此,RNP 效应可能更明显地体现在认知能力正处在发展阶段的儿童、阅读发展水平低于同龄人的发展性阅读障碍者、对第二语言理解存在困难的双语者、存在工作记忆障碍的阿尔兹海默症患者等人群的语言回指表达加工过程中(Castles et al. 2018;Eilers et al. 2018;Joseph et al. 2015;Shoji et al. 2016;Tavares et al. 2015)。因此,在对 RNP 效应进行横向研究的同时,也应该进行纵向研究或者关注特殊人群,这不但有助于进一步了解 RNP 效应产生的实质,而且对儿童教育、特殊人群关怀等具有重要的实践意义。

参考文献

黄　娴、张克亮(2009)汉语零形回指研究综述,《中文信息学报》第 4 期,10—16 页。
李晓庆、杨玉芳(2004)语篇中指代词的分布规律与心理机制,《心理科学进展》第 1 期,1—9 页。
孙珊珊、许余龙、段嫚娟(2015)零形代词的设定对汉语指代消解的影响,《外国语》第 6 期,12—20 页。
许余龙(2000)英汉指称词语表达的可及性,《外语教学与研究》第 5 期,321—328 页。
许余龙(2008)向心理论的参数化研究,《当代语言学》第 3 期,225—236 页。
张德禄、张时倩(2014)回指可及性影响因素的认知心理学研究述评,《外语学刊》第 1 期,30—34 页。

Almor, A. (1999) Noun-phrase anaphors and focus: The informational load hypothesis. *Psychological Review*, 106(4), 748—765.

Almor, A., De Carvalho Maia, J., Cunha Lima, M. L., Vernice, M. & Gelormini-Lezama, C. (2017a) Language processing, acceptability, and statistical distribution: A study of null and overt subjects in Brazilian Portuguese. *Journal of Memory and Language*, 92, 98—113.

Almor, A., Nair, V. A., Boiteau, T. W. & Vendemia, J. M. C. (2017b) The N400 in processing repeated name and pronoun anaphors in sentences and discourse. *Brain and Language*, 173, 52—66.

Ariel, M. (1990) *Accessing Noun-phrase Antecedents*. London, New York: Routledge.

Castles, A., Rastle, K. & Nation, K. (2018) Ending the reading wars: Reading acquisition from novice to expert. *Psychological Science in the Public Interest: A Journal of the American Psychological Society*, 19(1), 5—51.

Çokal, D., Sturt, P. & Ferreira, F. (2018) Processing of it and this in written narrative discourse. *Discourse Processes*, 55(3), 272—289.

De Carvalho Maia, J., Vernice, M., Gelormini-Lezama, C., Lima, M. L. C. & Almor, A. (2017) Co-referential processing of pronouns and repeated names in Italian. *Journal of Psycholinguistic Research*, 46(2), 497—506.

Eilers, S., Tiffin-Richards, S. P. & Schroeder, S. (2018) The repeated name penalty effect in children's natural reading: Evidence from eye tracking. *Quarterly Journal of Experimental Psychology*, Advance online publication. doi:10.1177/1747021818757712

Fukumura, K. & Van Gompel, R. P. G. (2015) Effects of order of mention and grammatical role on anaphor resolution. *Journal of Experimental Psychology: Learning, Memory, and Cognition*, 41(2), 501—525.

Gelormini-Lezama, C. (2018) Exploring the repeated name penalty and the overt pronoun penalty in Spanish. *Journal of Psycholinguistic Research*, 47(2), 377—389.

Gelormini-Lezama, C. & Almor, A. (2011) Repeated names, overt pronouns, and null pronouns in Spanish. *Language and Cognitive Processes*, 26(3), 437—454.

Gelormini-Lezama, C. & Almor, A. (2014) Singular and plural pronominal reference in Spanish. *Journal of Psycholinguistic Research*, 43(3), 299—313.

Gernsbacher, M. A. (1989) Mechanisms that improve referential access. *Cognition*, 32(2), 99—156.

Gordon, P. C., Grosz, B. J. & Gilliom, L. A. (1993) Pronouns, names, and the centering of attention in discourse. *Cognitive Science*, 17(3), 311—347.

Gordon, P. C., Hendrick, R. & Foster, K. L. (2000) Language comprehension and probe-list memory. *Journal of Experimental Psychology: Learning, Memory, and Cognition*, 26(3), 766—775.

Grosz, B. J., Joshi, A. K. & Weinstein, S. (1983) Providing a unified account of definite noun phrases in discourse. Paper presented at the meeting of the 21st annual meeting on Association for Computational Linguistics, Cambridge, MA.

Harris, T., Wexler, K. & Holcomb, P. (2000) An ERP investigation of binding and coreference. *Brain and Language*, 75(3), 313—346.

Johns, C. L., Gordon, P. C., Long, D. L. & Swaab, T. Y. (2014) Memory availability and referential access. *Language and Cognitive Processes*, 29(1), 60—87.

Joseph, H. S. S. L., Bremner, G., Liversedge, S. P. & Nation, K. (2015) Working memory, reading ability and the effects of distance and typicality on anaphor resolution in children. *Journal of Cognitive Psychology*, 27(5), 622—639.

Ledoux, K., Gordon, P. C., Camblin, C. C. & Swaab, T. Y. (2007) Coreference and lexical repetition: Mechanisms of discourse integration. *Memory and Cognition*, 35(4), 801—815.

Macdonald, M. C. (2013) How language production shapes language form and comprehension? *Frontiers in Psychology*, 4, 1—16.

Peters, S. A., Boiteau, T. W. & Almor, A. (2016) Semantic relations cause interference in spoken language comprehension when using repeated definite references, not pronouns. *Frontiers in Psychology*, 7, 214—233.

Parodi, G., Julio, C., Nadal, L., Burdiles, G. & Cruz, A. (2018) Always look back: Eye movements as a reflection of anaphoric encapsulation in Spanish while reading the neuter pronoun ello. *Journal of Pragmatics*, 132, 47—58.

Shoji, S., Dubinsky, S. & Almor, A. (2016) Age of Arrival (AOA) effects on anaphor processing by Japanese bilinguals. *Linguistics Vanguard*, 2(1), 55—67.

Shoji, S., Dubinsky, S. & Almor, A. (2017) The repeated name penalty, the overt pronoun penalty, and topic in Japanese. *Journal of Psycholinguistic Research*, 46(1), 89–106.

Tavares, G., Fajardo, I., Avila, V., Salmeron, L. & Ferrer, A. (2015) Who do you refer to? How young students with mild intellectual disability confront anaphoric ambiguities in texts and sentences. *Research in Developmental Disabilities*, 38, 108–124.

Xu, X. & Zhou, X. (2016) "Who" should be focused? The influence of focus status on pronoun resolution. *Psychophysiology*, 53(11), 1679–1689.

Yang, C. L., Gordon, P. C., Hendrick, R. & Wu, J. T. (1999) Comprehension of referring expressions in Chinese. *Language and Cognitive Processes*, 14(5/6), 715–743.

作者简介

亓立东,南京师范大学博士生。Email:qilidong666@163.com。

李雨桐,辽宁师范大学,讲师,博士后,本文通信作者,主要从事语言认知加工的机制研究。Email:dearliyutong@163.com。

隋雪,辽宁师范大学教授,博士生导师,博士后合作导师,本文通信作者,主要从事语言认知加工机制研究。Email:suixue88@163.com。

预期与反预期评注在小句内的兼容模式与功能*

邵洪亮　谢文娟

上海外国语大学国际文化交流学院

提　要　预期与反预期评注可以在同一个小句内兼容。其兼容模式以预期与反预期评注性副词在"状位并存连用"为主,且"反预期〈预期〉"数量远多于"预期〈反预期〉"。预期与反预期评注兼容表达了"言者反预期＋他人预期"和"言者反预期＋言者预期"两种复合预期功能,也具有双重预设触发功能。预期与反预期双重评注既是交互主观性的体现,也是言者自身矛盾心态的表现,但凸显的仍是言者自身的反预期,这跟反预期评注性副词的焦点表述功能明显强于预期评注性副词有关。

关键词　评注性副词　预期　反预期　意外范畴　语气兼容　交互主观性

一　引言

评注性副词是位于句中状语位置或句首位置,表达言者对命题的主观态度、评价和情感的一类词。我们曾综合前人的研究成果,将齐沪扬主编的《现代汉语语气成分用法词典》(2011)中所列的 207 个语气副词(即我们所谓的"评注性副词")分为功能和意志两个大类。功能类包括疑问和感叹,意志类包括确认、揣测、必要、意愿、料悟、侥幸等。其中,确认类又包括证实、指明和确信,揣测类又包括或然和必然,料悟类又分为预期、反预期、领悟和契合。(邵洪亮、蔡慧云 2019)

通过语料考察,我们发现即使一个小句内也经常会有两个或以上的评注性副词共现的情况,其中不乏语义上明显相互抵牾的评注性副词在小句内兼容的现象,主要涉及以下三组:"或然＋必然"评注、"确信＋或然"评注、"预期＋反预期"评注。例如:

---

* 本研究是国家社会科学基金项目"互动语言学视野下的汉语语气成分的功能与兼容模式研究"(16BYY133)的阶段性成果之一。

(1) 如果把优秀的文艺作品和那些庸俗低级的作品科以同等的律法,不加区别,那[恐怕][必然]导致简单化,粗暴对待。(或然+必然)

(2) 看来这[的确][好像]是场很公平的决斗。(确信+或然)

(3) 忧伤悲叹,总想找一个酷似女儿之人,作为她朝夕思慕的亡女的遗念。[竟]想不到的是,[果然]得到了这女子。(反预期+预期)

张谊生(2016)曾对确信与揣测评注(从该文的语料来看主要就是我们所指的"确信+或然"评注)的兼容模式、表达功能、合用动因进行过较为详细的研究,并指出,对于这样一种看似自相矛盾的表达方式,"当前语言学界关注还很不够,几乎还没有什么直接的有针对性的研究成果"。

本文将进一步重点考察、分析其中预期与反预期评注在同一个小句内的兼容模式。其中,预期评注性副词重点考察"果然""当真""果真",反预期评注性副词重点考察"竟然""竟""居然""倒""倒是""反倒"。值得一提的是:在预期评注性副词中,"果然"比较典型,"果真""当真"则是兼表确认评注的预期评注性副词;在反预期评注性副词中,"倒""倒是""反倒"的反预期语气相对弱一些。我们也发现了"果真""当真"当作"真的"来用的例子,那是凸显了其确认评注,另当别论。不过,有时确认与预期确实不太容易分辨,因为需要使用确认评注的前提是事先已经对事件的结果有了必然性亦或是或然性的揣测,这些也都可以看作是某种程度上的预期。

本文穷尽性地考察了北京大学中国语言学研究中心(CCL)语料库的相关语料。本文例句均引自 CCL 语料库,故不再作特别标注。

二 预期与反预期评注在小句内的兼容模式

一般认为,预期评注表示言者(包括作者,下同)对事件结果已经有一个预期,而事件的结果与这一预期是相符合的,即在言者的意料之中。反预期评注表示事件的结果与言者的预期相违背,即出乎言者意料。预期与反预期显然是互相抵牾的,但我们发现这两类评注性副词有时可以在一个小句内共现。其共现的方式主要有以下四种情况。

2.1 句中状位并存连用

句中状位并存连用是指预期与反预期评注性副词处于句中状语位置连续使用,中间没有间隔。该兼容模式只有"反预期〈预期〉"(即反预期评注性副词在前、预期评注性副词在后)这样一种情况。例如:

(4) 她爱他,这是最糟的地方。没想到眼泪、争吵和愤怒[竟然][果真]会没有用!他只能出于一种不是自发的欲望来爱她。

(5) 谁知,等他们端着水杯回到黄国栋的办公室后,李卫东[竟然][当真]向黄国栋撒骄说:"老板,我原本觉得今晚入职培训就能完成。"

(6) 他们两人八字一配,他就要漂洋过海,还说他们两个聚少离多,现在[竟][果然]一一应验。

(7) 因为名义上是家宴,加之梁必达又把气氛调理得十分家常化,大家就少了许多外交场合的矜持和拘谨,[居然][当真]喝开了茅台。

该模式在 CCL 语料库中检索到 92 例。一般认为,例(4)—(7)中的"竟然""竟""居然"均属于反预期评注性副词,"果真""当真""果然"则属于预期评注性副词。这种情况,其中的预期评注与反预期评注都是全幅评注,其评注范围均关涉整个命题。

2.2 句中状位间隔合用

句中状位间隔合用是指预期与反预期评注性副词同处于句中状语位置,但它们中间有间隔。该兼容模式也只有"反预期〈预期〉"这一种情况。例如:

(8) 想想这件事真倒霉,我们[竟]没能[当真]胜利地把他当做我们的俘虏带回来。

(9) 倘连自己都不敢面对真实,又如何颂扬真善美呢? 我所担心的[倒是]是不是[果然]认识了真实,是不是瞎子摸象。

该模式语料非常之少,在 CCL 语料库中仅检索到 4 例。这种情况,尽管预期与反预期评注在一个小句内共现,但它们的辖域是不同的,并未真正产生抵牾;其中的反预期评注"竟""倒是"是全幅式管辖,评注范围关涉整个命题,而其中的预期评注"当真""果然"是半幅式管辖。如例(8)中的"竟"表达了"我们没能胜利地把他当做我们的俘虏带回来"是出乎言者意料的,而"当真"表达了"胜利地把他当做我们的俘虏带回来"是符合言者预期的,因此两者并未产生抵牾。后面的讨论将排除这种情况。

2.3 外附全句和内附谓语

外附全句和内附谓语是指预期评注性副词处于句首,反预期评注性副词处于句中状语位置,即该兼容模式只有"预期〈反预期〉"这一种情况。例如:

(10) 我目光过处,仿佛看到有人刺了个汉字。仔细一看,[果然]此君[竟]刺了一个"出"字,在右手臂上。

(11) 运气很好,那伤口真的愈合起来,任何事情,只要碰到我这匹声誉显赫的好马,什么奇迹都会发生![果真],嫩枝[竟]在马体内生下了根,而且日益成长,不久就在我的头顶上结起了一顶华盖。

该模式语料也比较少,在 CCL 语料库中仅检索到 8 例,其中 7 例是由"果然"外附全句,1 例是由"果真"外附全句。因为"果然"是一个兼有关联功能的评注性副词,故小句句首也是其常处的句法位置,加上与之共现的反预期评注性副词"竟"是单音节的,无法移至句首位置,所以在外附全句和内附谓语这种情况下,只出现"预期〈反预期〉"兼容模式也是可解释的。这种情况,尽管预期与反预期评注性副词所处的句位不同,但其中的预期评注与反预期评注仍然都是全幅评注,其评注范围均关涉整个命题。

2.4 内附谓语和内附补语

内附谓语和内附补语是指反预期评注性副词处于句中状语位置,预期评注性副词内置于句中补语的修饰语位置,即该兼容模式只有"反预期〈预期〉"这一种情况。例如:

(12) 而眼前,人们[居然]把万乘之尊的刘皇叔安排得[果真]如此"不以臣卑鄙",来替他的丞相看守大门,这岂又是套用社会等级制度就能解释了的?

该模式语料也是极少,在 CCL 语料库中仅检索到此 1 例。这种情况,尽管预期与反预期评注性副词所处的句位不同,而且预期评注内嵌到了补语位置,但我们发现其中的预期评注与反预期评注都是全幅评注,其评注范围均关涉整个命题,如果把例(12)中"果真"的位置提升到状语位置"人们[居然][果真]把万乘之尊的刘皇叔安排得如此'不以臣卑鄙'",句义保持不变。

总之,本文通过 CCL 语料库共搜集到预期评注性副词和反预期评注性副词在小句内共现的语料共计 105 例,除去前面提到的"句中状位间隔合用"的 4 例管辖范围不一致的情况,属于真正预期与反预期评注在小句内的兼容的情况共计 101 例。其中各兼容模式语料数量和占总语料的百分比统计如表1:

表 1 预期与反预期评注在小句内的各种兼容模式占比情况

兼容模式	句中状位并存连用	外附全句和内附谓语	内附谓语和内附补语	总计
数量(条)	92	8	1	101
占比	91.1%	7.9%	1%	100%

三 预期与反预期评注在小句内兼容的特点

3.1 "反预期〈预期〉"数量远多于"预期〈反预期〉"

"反预期〈预期〉"和"预期〈反预期〉"在总语料中的占比统计如表2:

表 2 "反预期〈预期〉"和"预期〈反预期〉"的占比情况

兼容模式	反预期〈预期〉	预期〈反预期〉
数量(条)	93	8
占比	92.1%	7.9%

根据表2,预期与反预期评注在小句内的兼容模式中,"反预期〈预期〉"的数量远远多

于"预期〈反预期〉"的数量。可见,在实际交际中更常出现的是"反预期〈预期〉"兼容模式。

从各类语气成分的共现情况来看,一般情况下,都是句子最外层的语气成分决定了整个句子的语气。如果是评注性副词,即最左边(前边)的评注性副词处于最外层;如果是句末语气助词,则是最右边(后边)的句末语气助词处于最外层。我们发现,当预期与反预期评注在小句内兼容时,几乎所有的句子在整体上仍然都是为了凸显违反言者预期、出乎言者意料的,因此,绝大多数都是反预期评注性副词位于预期评注性副词的前面。这就使得预期与反预期评注的兼容模式中"反预期〈预期〉"的数量远多于"预期〈反预期〉"的数量。

3.2 以"状位并存连用"为主

预期与反预期评注在小句内的兼容模式中,又以评注性副词"状位并存连用"兼容模式为主。"状位并存连用"占91.1%,其他两种兼容模式合起来共占8.9%。这说明"状位并存连用"是预期与反预期评注在小句内兼容的优势模式。

我们考察的预期评注性副词主要包括"果然""果真""当真"等,反预期评注性副词主要包括"竟然""竟""居然""倒""倒是""反倒"等。统计发现,单音节反预期评注性副词在前的兼容模式(如"竟果然""倒果然"等)多达89例,双音节反预期评注性副词在前的兼容模式("竟然果真""竟然当真"等)则只有4例。单音节语气副词在句中本来就没有双音节语气副词灵活,只能处于句中状语位置而无法前置独用,因而当它与双音节的预期评注性副词共现的时候,以句中状语位置并存连用的兼容模式为主也就可以解释了。

四 预期与反预期评注在小句内兼容的功能

4.1 复合预期功能

按理,预期与反预期评注在一个小句内兼容是不符合逻辑的,因为事件的结果如果符合预期就不可能说是违反预期,或者违反了预期就不可能是符合预期。但是大量的语料证明两者是可以兼容使用的,这就产生了特殊的复合预期的表达功能。这里所指的复合预期包括"言者反预期+他人预期""言者反预期+言者预期"两种情况。

4.1.1 "言者反预期+他人预期"的复合预期功能

我们发现,不管是"反预期〈预期〉"还是"预期〈反预期〉"的兼容模式,绝大多数情况都是表达"言者反预期+他人预期"的复合预期功能。此处的"他人"如果再细分的话还可以分出受者(包括听者和读者,下同)以及受者之外的其他人(即第三方,包括言语中指明的人物或言语中未指明的其他人物)。在一些语境中"他人预期"具体到底是谁的预期,界限并不十分清晰。

事实上,复合预期的表达重点仍在凸显言者的反预期,表达一种出乎意料和事情的极不合理性;但相对于单纯的反预期表达,复合预期表达还反映出言者自身对某个结果在某些特殊条件下是否出现原本也不是确定的,因而利用"他人预期"反映出这种矛盾心态。这里的"他人"很可能也是不确定的甚至是虚拟的,只是反映了言者自身对某个极不合理或不合逻辑的事实非常不相信它会发生却又不确定是否会发生的一种心态。因此,这种"言者反预期+他人预期"的复合预期事实上仍然是以一种特殊的方式来反映言者自身复杂、矛盾的主观态度。例如:

(13) 我不要蓝的,她却说,像我这种手戴上蓝手套才好看呢。这一说,我就动了心。我偷偷看了一下手,也不知怎么的,看起来[倒][果真]相当好看。

(14) 后来,事实[倒][果然]验证了蒋介石的话,他对自己的妻兄宋子文可以说一直留有情面。

例(13)通过前面一个句子,可以知道有人觉得"我"的手"戴上蓝手套才好看",而事实上看起来也确实是好看的,正好符合他人(有可能也包括听了此一说之后的受者)的预期,因而言者使用了"果真"。同时,言者又在"果真"前加了"倒"来表达自身的一种反预期,即言者原先不认为自己的手戴上蓝手套会好看,但事实是它还真的好看,这是有些出乎言者意料的,因而"倒"的使用是言者主观性的外在表现形式。不过,尽管该结果不是言者预期的,但事实上言者对该结果也是不确定的,因而利用这样一种特殊的"言者反预期+他人预期"方式来反映言者自身复杂、矛盾的主观态度。例(14)"验证了蒋介石的话"是违反言者预期的,但这个结果可能符合包括受者在内的他人的预期,言者同样是利用这样一种特殊的"言者反预期+他人预期"方式来反映自身矛盾的主观态度。

综上分析,我们也可以认为"他人预期"实则也有着言者的主观印记,包含着"言者预期",即"言者反预期+他人预期"的复合预期功能本质上应该是"言者反预期+他人预期(包含言者预期)"。

4.1.2 "言者反预期+言者预期"的复合预期功能

预期与反预期评注在小句内兼容,除了大多表达"言者反预期+他人预期"的复合预期功能之外,还有部分表达的是"言者反预期+言者预期"的复合预期功能。尽管言者预期与反预期集于一身,并且都是全幅式管辖,但实际上它们分别评注的是两个不同的事件结果,并非真正的相抵牾。例如:

(15) 我目光过处,仿佛看到有人刺了个汉字。仔细一看,[果然]此君[竟]刺了一个"出"字,在右手臂上。

(16) 据当地人讲,山的名字源自突厥语,意思是"空山"。然而谁也没想到,苏联人[竟][果真]把这座山变成了空山。

例(15)使用"果然"说明"此君刺了个汉字"是符合言者预期的,而且前面也提到"我目光过处,仿佛看到有人刺了个汉字"。使用"竟"说明"此君刺了一个'出'字,在右手臂上"则是违反言者预期的。也就是说,此君刺了个汉字是言者意料之中的,但其在右手臂上刺了个"出"字则是言者意料之外的。因此,表面上抵牾的两种评注在小句中并非真正的相互抵牾。例(16),我们之所以认为它不可能表达他人预期是因为前面说到"然而谁也没想到",所以使用"竟"说明"苏联人把这座山变成了空山"是违反言者预期的,使用"果真"说明苏联人把这座山变成了空山之后,使得这座山真正的名实相符,这又是符合言者预期的。同样,"竟"和"果真"评注的是两个不同的结果。

4.2 双重预设触发功能

预设不是语句中直接表达的信息,而是"说话人认定的双方可理解的语言背景,属语用范畴"(文炼 2002)。

预期与反预期评注在小句内兼容具有双重预设触发功能,并由此可以推导出语句的背景信息。例如:

(17) 纯粹是由于他的过人才智和不修边幅,他[倒][果真]使宪法课变得颇有趣味了。

(18) 信中孙眉说,自己到了夏威夷,已经度过了最困难的时期,向政府领了一块地。[果然]几年后,他[居然]成了手有余资的新富人。

例(17)如果不使用评注性副词"倒"和"果真",句子只是一个客观的表述"他使宪法课变得颇有趣味了",受者无法从中推断出更多的背景信息。但是加上了这两个评注性副词之后,情况则不同:使用预期评注性副词"果真",句子便有了一个预设,即有人认为"他会使宪法课变得颇有趣味";使用反预期评注性副词"倒",句子则有了另一个预设,即言者事先认为"他不会使宪法课变得颇有趣味"。上述的这两个预设正是通过句子中的预期与反预期评注推断出来的背景信息,就是说,预期与反预期评注在小句内兼容时具有双重预设触发功能。

同样,例(18)中使用"果然",句子便有了一个预设,即读了孙眉的信之后,可能有人会认为"几年后,他会成了手有余资的新富人";使用"居然",句子则有了另一个预设,即言者事先没有想到"几年后,他会成了手有余资的新富人"。

预期与反预期评注在小句内兼容时所带来的双重预设,使得语言的表现更显张力,颇具修辞色彩,在特定的语境中,可以产生丰富的表达效果。

五 预期与反预期评注在小句内兼容的动因与理据

5.1 交互主观性的体现

主观性是指言者在交际的时候总是不断地表明自己的主观评价、态度和情感,留下自己的主观印记。如果言者表达主观性的时候蕴含着对受者主观态度的兼顾和关照时，言者自身的主观性就上升为交际双方的交互主观性(intersubjectivity)。交互主观性体现了言语交际中言者对受者的关注，照顾到受者的观点、态度或面子等。(沈家煊 2001)交互主观性的表达特点之一便是有表示言者对受者关注的标记语，言语的表达隐含更多的言外之意。(Traugott & Dasher 2002:22—23)

相互抵牾的评注性副词在小句内兼容的现象(包括"或然+必然"评注、"确信+或然"评注、"预期+反预期"评注)，很多都是交互主观性驱动使然，是交互主观性的一种体现。

就预期与反预期评注在小句内的兼容现象来看，很多情况也是言者在表达对某个事件结果出乎意料的同时，兼顾了受者对该事件结果在某种程度上的预期。例如：

(19) 少年时想从举业上飞黄腾达的同学们都饱尝了世路坎坷，落得灰心丧气，更莫望能为良相，你[倒][果然]成为良医了。

(20) "那就顺水推舟，让日本人承担罪过去呀!" "嗯，这是得跟日本人说，看他们怎么办。"吴铁城[倒][果真]从秘书这里受了启发。

例(19)"成为良医"是违反言者预期的，因而言者使用了反预期标记"倒"。但这个结果是符合受者预期的(根据原文是受者从小的心愿)，言者同时兼顾到了受者的立场，因而同时使用了一个预期标记"果然"。

同样，例(20)秘书在前面提出过一个建议，言者认为受者可能会因看到了秘书的建议而有了一个"吴铁城会从秘书这里受了启发"的预期，而事件结果是符合这一预期的，所以其中的"果真"正是言者站到了受者立场，关照受者主观态度，表述受者预期的，而其中的"倒"则表达了"吴铁城从秘书这里受到了启发"这个事件结果在一定程度上是出乎言者意料的。

不过，人际交往现象学模式表明，交际双方在人际交往过程中，映射到言者甲头脑中的受者乙的形象与乙的真实形象并不完全吻合，因为甲头脑中乙的形象归根结底是甲的意识的产物。(王宏印 2012:290—291)因此，即使某些表达是甲出于对乙的关照，但这种表达本身仍难免会带上甲自身的主观印记。比如前例(19)(20)，尽管事情的结果不是言者预期的，但事实上言者对该结果在特定条件下是否会发生也是不确定的，因而利用这样一种特殊的包含交互主观性的表达方式来反映言者自身复杂、矛盾的主观态度，并表达了自己的出乎意料。

5.2 言者自身矛盾心态的表现

根据前述，正是交互主观性的趋动，使得言者在表述时不仅仅表达自身的主观感受，同时还要兼顾到受者的视角。除此之外，言者还可能兼顾的是受者之外的其他人(即第三方)的视角。不管言者兼顾的是受者视角还是受者之外的其他人的视角，我们可以认为,言者正是利用了这种"他人预期"反映自身的一种矛盾心态,因而这种"言者反预期+他人预期"的复合预期事实上仍然是以一种特殊的方式来反映言者自身复杂、矛盾的主观态度,从而在不同的语境中产生不同的表达效果。例如:

(21) 说来也怪,真应了八姈子的话,八舅后半生的荣耀,[竟][果真]和这几个"光葫芦"连在了一起。

例(21)通过"八姈子的话",包括受者在内的其他人可能对"八舅后半生的荣耀和这几个'光葫芦'连在了一起"有了一定的预期,结果确实符合预期,故言者关照了他人的主观态度,使用了"果真"。同时,言者使用"竟"来表达自身的一种反预期,即言者事先并不认为八舅后半生的荣耀会和这几个"光葫芦"连在一起,但结果与此相反,因而是出乎言者意料的。其实,不仅仅"竟"的使用是用来表达言者的主观态度,"果真"的使用虽然是对他人主观态度的一种关照,也难免打上了自身的主观印记,表达"他人预期"也反映了言者自身的一种复杂、矛盾心态:言者虽然不认同会发生这种事实,觉得出乎意料,甚至认为不可思议,但在当时的这种特定条件下,还真有可能会发生这种事情,结果是"果真"发生了这种事情。因此,预期与反预期双重评注本质上也是言者自身一种复杂、矛盾的主观态度的形式表征。

预期与反预期评注在小句内兼容,除了为表达言者对某一结果会否实现的矛盾心态之外,也有可能是把针对不同事实的预期与反预期纠缠在了一起,如前例(15)(16),关于这点,我们不再赘述。

5.3 不同预期的兼顾与凸显

由于客观事实的复杂性和多面性,不同人之间因所处立场、信息渠道、视角、观念、思维方式等的差异,往往会对事件的结果形成不同的预期。根据前述,预期与反预期评注在小句内兼容,主要就是为了兼顾他人(即受者或者受者之外在言语中指明或未指明的其他人物)的预期,而实际上也是兼顾自己复杂、矛盾的心态。例如:

(22) 老郑认为这个产品本厂有着独特的优势,市场别人不好占领,不如压库待售。[果然],几个月后,这一产品[竟]成为抢手货。

例(22)根据老郑的看法,事件的结果"这一产品成为抢手货"是他所预期的(同时也可能成了受者的一种预期),句子中"果然"便是指事件的结果符合言语中指明的人物老郑(可能还包括受者)的预期,但言者用"竟"同时表达了自己的预期和事件的结果相反,是出乎意料的。

当然,预期与反预期评注在小句内兼容,也可能是为了兼顾自身对不同事实的预期与反预期。例如:

(23) 我见他神志异常清醒,担忧这是回光返照。[果然],这次见面,[竟]成永别,当天下午就传来了陈云同志逝世的噩耗。

例(23)言者之前有过"担忧",因而陈云同志的逝世是在言者意料之中的,故后面的小句使用了"果然",但同时,言者跟陈云同志的这次见面成了永别,又是出乎言者意料(或者说是言者根本不敢去想也不愿意去想的),所以小句中还使用了"竟"。

总之,预期与反预期评注在小句内兼容,其中一个原因便是言者想要同时兼顾他人预期和自身反预期,或者同时兼顾自身的预期和反预期。因此,在日常交流中,人们在语感上能够接受预期与反预期双重评注出现在一个小句中,也就可以解释了。

但兼顾的同时,预期与反预期在小句内兼容,主要目的仍然在于凸显言者的反预期。其中占绝大多数的"反预期〈预期〉"的兼容模式,由外围的反预期评注决定了言者出乎意料的语气意义,这是容易理解的。而真实的语料表明,即使是"预期〈反预期〉"这种兼容模式,整个句子归根到底还是凸显言者自身反预期的。我们看以下两个小句的变换:

  (24) 现在[竟][果然]一一应验。 (违反言者预期＋符合他人预期)
     ↓(去掉"竟")
  (24′) 现在[果然]一一应验。   (符合言者预期)
  (25) [果真]他接下来[竟]向她道起歉来。 (违反言者预期＋符合他人预期)
     ↓(去掉"果真")
  (25′) 他接下来[竟]向她道起歉来。 (违反言者预期)

例(24)整个句子显然属于反预期评注(即违反言者预期)。如果把前面的评注性副词"竟"去掉,变换成(24′),则属于预期评注(即符合言者预期)。因此,要保持原句语气意义不变,"竟"是不可以省略的。也就是说,"反预期〈预期〉"兼容模式中反预期评注性副词不可以省略。而例(25)和(25′)两个句子显然都属于反预期评注(即违反言者预期)。也就是说,使用在前的预期评注性副词"果真"的隐现并不影响言者的反预期评注。因此,不管是"反预期〈预期〉"兼容模式还是"预期〈反预期〉"兼容模式,其实都凸显了言者的反预期评注。当然,一般而言,越是能表达言者交际意图的评注性副词,其位置越靠前,因此相对而言,在表达反预期评注时,"反预期〈预期〉"兼容模式的使用频率远高于"预期〈反预期〉"兼容模式也就可以解释了。

齐沪扬(2002:219-220)认为不同类别的评注性副词(作者称之为"语气副词")的焦点表述功能强弱不同。具体表现为:料悟评注性副词＞可能评注性副词＞允许评注性副词＞能愿评注性副词。其中料悟评注性副词就包含本文研究的预期与反预期评注性副词。由此可知,相对于其他小类的评注性副词,预期与反预期评注性副词的焦点表述功能是最为突出的,即具有强焦点表述功能。而根据本文前面的考察分析,预期与反预期评注在小句内兼容,凸显的仍然是反预期评注,我们因此可以进一步得出结论:就料悟评注性副词内部小类而言,反预期评注性副词的焦点表述功能又是明显强于预期评注性副词的。

参考文献

齐沪扬(2002)《语气词和语气系统》,安徽教育出版社。
齐沪扬(2011)《现代汉语语气成分用法词典》,商务印书馆。
邵洪亮、蔡慧云(2019)定位语气副词的构成与特点,《对外汉语研究》(第20期),64—79页,商务印书馆。
沈家煊(2001)语言的"主观性"和"主观化",《外语教学与研究》第4期,268—275页。
张谊生(2016)揣测与确信评注的兼容模式及其功用与成因,《世界汉语教学》第3期,331—341页。
王宏印(2012)《现代跨文化传通:如何与外国人交往》,南开大学出版社。
文　炼(2002)蕴涵、预设与句子的理解,《世界汉语教学》第3期,5—9页。
Traugott, E. C. & Dasher, R. B. (2002) *Regularity in Semantic Change*. Cambridge: Cambridge University Press.

作者简介

邵洪亮,上海外国语大学国际文化交流学院副教授,博士生导师,主要从事现代汉语语法研究。Email:SHL75@sina.com。

谢文娟,上海外国语大学国际文化交流学院语言学及应用语言学专业研究生。

文本凭借与教学支持(上)

——课程意义上的《老乞大》《朴通事》的经典化*

李云龙

中国教育出版传媒集团有限公司出版传媒部

提　要　以往认为经典第二语言教材《老乞大》《朴通事》实现了"从母语教材到专门的第二语言教材的根本转变"的看法不准确,二书之前第二语言教材并不鲜见,且汉语与其他语言对译辞书不能证明存在以词汇教学为中心的汉语学习阶段。二书及相应教学资源开发多所传承、创新,它们在教学内容、学习支持、编写体例等教科书编排上所做的大量工作,对显示当时汉语口语特点、强化交际功能、突出文化理解、完善教学过程、构建学习支撑等,发挥了巨大的基础性作用。

关键词　《老乞大》《朴通事》　第二语言　教科书编写　课程

《老乞大》和《朴通事》是朝鲜时代(1393—1910)最有影响的两类汉语教科书。两类教科书在500年间递有发展,《老乞大》的最早版本出现在相当于元末至元、至正时的高丽末期,《朴通事》成书比其略晚(李泰洙 2003:1—3)。随着时代推移和语言变化,二书在此后又有"翻译""谚解""新释""旧刊""重刊""新释谚解"等多种修订版本,并由此分别形成成系列的两类教科书。[①] 每类教科书系列均力求以当时地道的汉语口语来写,它们是"一批十分难得的、贴近当时汉语口语的语言资料"(蒋绍愚 2005:1),能够反映汉语三四百年里的变迁,因此学者们从语音、词汇、语法的角度对其进行了广泛的研究。两类教科书对当时的社会生活有着相当丰富、细腻的描述,所以着眼中朝交通史、经济史、文化史、风俗史等的探讨也不少。

就《老乞大》《朴通事》的基本属性而言,它们首先是学习汉语的教材。探究它们如何以文本构建来落实汉语学习的目的与原则,并支持师生的具体教学实践,从而推进汉语

---

* 本文在写作过程中,刘颂浩、王世友、汲传波、林秀富、党静鹏、陈力、张进凯等老师、同学在资料查找上提供了很多帮助,谨致谢忱。

课程的规范和成长,对于超越着眼二书"口语""交际""课文中心"的简单化标签认知,准确把握它们在汉语作为第二语言教材发展史上的地位,迁移有益经验于当前对外汉语教材的研发,都有特殊的意义。

一 着眼教材属性的已有研究

作为汉语教材,早期的研究者不约而同地关注到了《老乞大》《朴通事》的语料属性和编排方式。胡明扬(1963)的研究通过《老乞大谚解》和《朴通事谚解》的汉朝对音,[②]来考察16世纪北方汉语语音的情况,他同时提到,"《老乞大》和《朴通事》两书是过去在朝鲜流行的汉语口语读本和会话手册"。二书这种显而易见的特点在此后得到了持续关注,张亚军(1989)除了提到"会话课本""北京口语"之外,[③]另谈及编写体例,"每个汉字都用朝鲜文注音,每句后面是翻译。这与日本人编写的汉语课本大体相同"。

较早系统地讨论《老乞大》《朴通事》编写特点的是程相文,他(2001)从第二语言教学的角度,分析了二书作为对外汉语教材的基本特征,对它们在汉语第二语言教学发展史上的地位予以评论。除了"口语"与"会话"之外,程相文认为二书恰当地使用学生的母语作媒介,从音、义、字、句多个方面为汉语课文作注,促进学生理解、掌握词汇和句子,结合日常交流来强化教材的实用性和实践性,创设模拟交际情境以凸显交际性原则,注重文化传达,课文内容丰富有趣。程相文最后认为,《老乞大》《朴通事》二书实现了从母语教材到专门的第二语言教材的根本转变,具体是实现了从词汇教学为中心到课文教学为中心的转变,从书面语教学为中心到口语教学为中心的转变,从语言要素教学为中心到语言交际技能教学为中心的转变。程相文对于《老乞大》《朴通事》教材特点的把握比较全面,此后金基石(2004,2005,2006),李得春、崔贞爱(2008)等的文章对此都有涉及,但对于二书教材属性与特点的挖掘,都没有太多的进步。岳辉(2014)系统汇总了《老乞大》《朴通事》的内容选取及变化,关辛秋(2004)将向原语者咨询、以母语注释、总结语言功能作为《老乞大》的编写特点,但二者都未深究这些特点的早期来源,以及它们如何通过教科书的呈现以实现教学的目的和功能。

程相文(2001)认为《番汉合时掌中珠》等采用了简单的词汇对译,"却结束了用第一语言教材学习第二语言的历史,向第二语言教学的性质迈出了可喜的一步",而《老乞大》《朴通事》则"实现了从母语教材到专门的第二语言教材的根本转变",这个看法不无可商之处。《明太祖实录》卷一百四十一之洪武十五年(1382)正月丙戌,言"复取《元秘史》参考,纽切其字,以谐其声音",《元朝秘史》早有汉字音译(钱伯泉 2017),它是元朝政府为帮助汉人学习蒙古语组织人员所编(张民权、田迪 2016),该书已经是以课文和口语为中心的专门的第二语言教材,它的出现并不比《老乞大》《朴通事》晚。[④]程相文认为《番汉合时掌中珠》《至元译语》都是"通过词语对译的方法来学习第二语言"的教材,那么它们对于汉人而言实际上都非母语教材，而是地道的第二语言教材。根据教科书是为母语和第二语言学习者共用，还是为第二语言学习者专用，来探讨教科书的价值和意义并不客观、科学。为母语学习者、第二语言学习者共同使用的教科书，如果能够有效地实现教学目的，它仍旧是适于第二语言学习者的优秀教材，以传统蒙学教材《千字文》而言，公元6世纪即已在朝鲜盛行，即使在《老乞大》《朴通事》通用之后，朝鲜依然使用周兴嗣的《千字文》，并模仿其编纂形式与原则，推出了《续千字》《历代千字文》《千字东史》等多种多样的《千字文》(韩相德2012)，《千字文》既属中国人的母语教材，同时也是成功的朝鲜人第二语言教材。因此强调教材不为母语学习者使用，只为第二语言学习者专用，评判这种"转变"是否是实质性的、有意义的，着眼点其实不在于"专用"，而在于有质量、有效果的"适用"。

程相文认为《番汉合时掌中珠》《至元译语》《华夷译语》等的编写性质、指导思想是"通过词语对译的方法来学习第二语言"，断定《老乞大》《朴通事》实现了"从词汇教学为中心到课文教学为中心的转变"。《番汉合时掌中珠》等书确实收录了大量双解词语，具有汉语和其他语言词语类集、对比的性质。骨勒茂才(1989:1)即指出，《番汉合时掌中珠》是"一本西夏文—汉文对照词语集……是当年在西夏地区流传较广的一部沟通番汉语言文字的常用辞书"。词汇是第二语言学习的基本单位，不过学习第二语言时随时备查便检番汉语汇辞书，却不意味着只是"通过词语对译的方法"学习第二语言，骨勒茂才在《番汉合时掌中珠》序言中已经说明，"集成番汉语节略一本，言音分辨，语句昭然"，该书只是"节略一本"，句子学习当然很重要，但限于该书的功能和篇幅，他只在第九篇"人事下"收录了少量"父母发身，不敢毁伤也"等关于儒家、佛教的语句。针对不同层次的语言单位，实施语言研究、教育和相应图书编纂，是文化与学术发展的必然结果，而每种处理都对应着特定的方法、目的和功能，多种处理的综合结果则是整体效果的最终实现，研究者对此当然不能抓住一端而不及其余。明代以后称这类汉语和其他语言对译的词汇集为"杂字"，称政府公文对译样本为"来文"(刘红军、孙伯君2008)，也显示出词语对译不过是众多第二语言学习资源和途径的一种。

《至元译语》是为汉人学习、查检蒙古语常用词汇的工具书，它在元末福建一带的民间书坊里广为镌行(李治安2009)。其后来常被引用的《序言》里说，"《至元译语》，犹江南事物'绮谈'也。当今所尚，莫贵乎此。分门析类，附于《绮谈》之后，以助时语云……夫言语不相通，必有译者以辨白之，然后可以达其志，通其欲。今将详定译语一卷，刊列于左，好事者熟之，则答问之间，随叩随应，而无龃舌鲠喉之患矣"，这个《序言》在长泽规矩也(1990:365)所编泰定二年(1325)增补、元禄十二年(1699)翻刻的《事林广记》庚集卷十中只有"以助时语"以前的文字。仔细玩味这段文字，其真实意思有待重新评估。"以助时语"以前的部分更似是《事林广记》的编者说明，所谓"绮谈市语"指的是市井小民的口头语言，"分门析类，附于《绮谈》之后"也合乎《事林广记》事实，就在卷十《至元译语》之前的卷九，正是罗列了"天地""君臣"等类的"绮语门"；《事林广记》收录《至元译语》，不过是说学习这些蒙古语词,是"当今所尚""以助时语",可以让人紧跟潮流。"夫言语不相通"等后面文字强调若能熟练掌握这本册子,可以"答问之间,随叩随应"则更接近于书肆的推销广告了。因此程相文从这个《序言》里得出"学习第二语言主要是学词汇,掌握了词汇便能够'随叩随应'",恐怕是有些误解了。

与《至元译语》相前后还有一部蒙汉对照的《百家姓》,元至元郑氏积诚堂刊《事林广记》庚集卷下《百家姓》序中说"蒙古之书,前乎学者之所未观,近风化自北而南,新学尚之……今王化近古,风俗还淳,蒙古之学,设为专门。初学能复熟此编,亦可以为入仕之捷径云"(罗常培、蔡美彪 2004,64),已经清楚说明这是"新学尚之"的"蒙古之书",适合"初学"学习蒙古新字。文字、词语不过是学习蒙古语的一部分,《元史》志第三十一"世祖至元八年春正月,始下诏立京师蒙古国子学,教习诸生,于随朝蒙古、汉人百官及怯薛歹官员,选子弟俊秀者入学,然未有员数。以《通鉴节要》用蒙古语言译写教之",《资治通鉴节要》有宋江贽、元刘剡撰本,以蒙古语译写并教授学生,所着眼的无疑是句子和义理。联系上文提及的汉字音译《元朝秘史》,这些实际已经形成包括词语学习在内的、着眼不同语言要素的教科书系列,因此也就不能说是"通过词语对译的方法来学习第二语言"了。

《华夷译语》于洪武二十二年(1389)成书,由翰林火原洁与编修马懿赤黑等编。火原洁在《华夷译语》凡例中说,该书是"用汉字译写胡语",刘三吾在序中言"遂命以华文译胡语,三五堆垛而其字始全,该对训释而其义始明","三五堆垛""该对训释"着眼的是"字"和"义"。《华夷译语》实际含有两部分内容,第一部分共 17 门 844 条蒙汉双解词语,第二部分为 12 篇蒙语会话(甄金 1983),汉字音写的蒙语词逐个附有汉语对译,全句终为汉语意译。正是因为两部分内容的存在,所以它并不能用来证明存在"通过词语对译的方法"学习第二语言的阶段。该书虽然收录了不少词语,但终究属于"三五堆垛","它所收录的都是名词和数词,却未收录其他种类的复杂词汇……它没有蒙古文"(王风雷、孟长生 2012),内容上固有的缺陷表明它不过是蒙汉词汇会话双解工具书,若借助它"通过词语对译的方法"进行完整的第二语言学习是不现实的。

其他如强调"口语"特征、"会话"功能,引入母语支持,突显实践与交际目的,设置丰富有趣话题,都属于第二语言学习教科书的功能追求。《老乞大》《朴通事》系列教科书的编写者,如何依托当时条件,选择怎样的教科书编写策略,无疑对以教科书的编写来支持上述功能的实现发挥着重大作用,对这些问题的探讨比概念化的教科书功能定位也更有实践意义。

二 《老乞大》《朴通事》的编写特点

教科书与普通文籍不同,它要基于教学原则、目的,系统选择教学内容,有效提供学习支持,合理确定编排体例,它是以特定编写体例呈现知识、构建学习、培养能力、形成习惯的文本凭借。《老乞大》《朴通事》系列教科书立足第二语言学习的独立目的,在教学内容上选择、新编汉语经典之外的内容,在学习支持上着眼语言能力培养,提供辅助资源,在编写体例上关注语言学习过程,重视不同教学内容的相关性及其呈现方式对于学习方法、效果的影响。《老乞大》《朴通事》为口语会话教科书,《老乞大》由朝鲜人改编自东北或蒙古人教科书而成,《朴通事》为高丽人原著(林东锡 1982:330-341)。因此考察二书作为教材的编写特点,必须结合宋元以来有关白话俗文学创作和民族语文献编纂情况来进行。

2.1 教学内容

朝鲜半岛从古代三国到后来的统一新罗、高丽,一直重视汉语的学习(金基石 2005)。只是到了李朝时期,朝鲜统治者在和明朝交往过程中,注意到随着时代变迁、语言变化,他们需要强调当时的北方话学习。洪武三十年(1397)三月,明太祖朱元璋即要求朝鲜国王,"你那里使臣再来时,汉儿话省的著他来,一发不省的不要来"(吴晗 1980:140)。朝鲜统治者于此也有清醒认识,世宗对通事翻译能力深为不满,《世宗实录》卷九十四二十三年(1441)十月,"汉音传音,渐至差讹,虑恐倘有宣谕圣旨,难以晓解,朝廷使臣到国,应待言语,理会者少,深为未便"。因此李朝时期汉语教科书重视口语,既因实际交往的压力,也来自上层的推动。需要强调的是,《老乞大》《朴通事》在教学内容选择上不仅专注口语,而且凸显了语言学习的独特地位。

2.1.1 课本素材选择与白话俗文学

《老乞大》《朴通事》在反映口语内容的素材选择上,体现出了与以往明显不同的课程取向。中国传统教材正如《原本老乞大》所言,"你谁根底[学]文书来？我在汉儿学堂里学文书来。你学甚么文书来？读《论语》《孟子》《小学》"(汪维辉 2005:6),其中《论语》《孟子》等固然有学习语言的功能,但是道德教化一直占有更重要的位置,即使是专为识字的一般蒙学读物"三百千"仍旧如此。从语言学习和道德教化兼顾的角度来看,将《论语》《孟子》等经典以当时口语译出,当然是实现口语学习的可选途径,元人许衡即作《大学、中庸直解》,《四库全书总目提要》评其"皆课蒙之书,词求通俗",朝鲜的归化汉人契长寿也曾撰《直解小学》,《世宗实录》卷九十三二十三年(1441)八月上护军闵光美等上言"判三司事契长寿乃以华语解《小学》,名曰《直解》",李边在《训世评话》序言中也说"讲肄、习读官常习汉音……但所习者不过《直解小学》《老乞大》《朴通事》、前后《汉书》"(汪维辉 2005:462)。许衡、契长寿的著作在世宗十二年(1430)三月礼曹据司译院呈启汉学劝励条件中都有提及,《世宗实录》卷四十七十二年(1430)三月戊午:"《直解小学》《老乞大》《朴通事》等杂语,悉皆汉语根本。但读经书,穷其义理,全不诵习……其《直解小学》,分为四孟朔,《朴通事》,分为春秋两等,《老乞大》,分为秋冬两等,每当四孟朔取才时,一书皆诵者,方试他书,《小学》背诵者,倍数给分……如《鲁斋大学》《成斋孝经》《前后汉》等不紧之书,不许并试",⑤从中可见许衡的《鲁斋大学》(即《大学直解》)虽然"词求通俗",属司译院的汉学课本,但仍被看作是地位不如《老乞大》《朴通事》的"不紧之书"。《鲁斋大学》等作为说解儒家经典的著作并非不紧,契长寿的《直解小学》仍为考察之书即可证明,只不过它们的核心作用更多的是"但读经书,穷其义理",《朴通事谚解》于此也有暗示:"买时买四书六经也好,既读孔圣之书,必达周公之理"(汪维辉2005:292)。

《直解小学》《鲁斋大学》这些经典注本"词求通俗",显然有助语言学习,但就如李边所言,"然《直解小学》逐节解说,非常用汉语也"(汪维辉2005:462),因为附着经书的从属地位,语言自然"非常用"。而《老乞大》《朴通事》没有选择现成的经史之文,实际体现的正是专注口语和语言学习本身的第二语言课程学习取向。宋元以来俗文学快速发展,并已使用与时语贴近的白话,这些流传广泛的白话作品不会不对《老乞大》《朴通事》的编写产生影响。《老乞大》里提到要"买些文书",罗列的除《四书》《毛诗》《尚书》等以外,特别提及《三国志评话》;《朴通事谚解》也说到两个人部前买文书,"买《赵太祖飞龙记》《唐三藏西游记》"。白话俗文学作品对于《老乞大》《朴通事》二书的直接影响首先是素材选择,最为明显的当然是《朴通事谚解》中引用了《西游记》中车迟国斗法的故事。《朴通事谚解》所引见诸世德堂百回本《西游记》第四十四、四十六回,二者情节大体相同,但文字略有删减(石昌渝2007)。课本编者没有引用原文,而是进行了文字改编,恰可透露他的课程意识,进入课本的文字与小说不同,为适应语言学习须作调整。

白话俗文学本身即含加工创作的成分,但与古雅的文言相比,已经在很大程度上实现了言文合一。李朝之初尚有汉人唐诚、契长寿、洪楫、曹正等"质问论难"(汪维辉2005:462),但若没有合适汉人相助,那么编写汉语口语课本时则会将现成白话俗文学作为主要文本参考。上述《西游记》片段入选课本并非个例,《老乞大》《朴通事》中有些片段虽未直接言明出处,其最终来源也都有白话俗文学的身影。《原本老乞大》记录了一餐"汉儿茶饭",所食极其讲究:

> 头一道细粉,第二道鱼汤,第三道鸡儿汤,第四道三下锅,第五道干按酒,第六道灌肺、蒸饼,第七道粉羹、馒头,临了割肉水饭,打散。咱们点视这果子菜蔬,看整齐那不整齐?这藕菜、黄瓜、茄子、生葱、薤、蒜、萝卜、冬瓜、葫芦、芥子、蔓菁、赤根、海带。这按酒,煎鱼儿、肝双肠、头、蹄、肚儿、脑子、眼睛、脆骨、耳朵。这果子,枣儿、干柿、核桃、干葡萄、龙眼、荔枝、干杏、西瓜、甜瓜、柑子、石榴、梨儿、李子、松子、粆糖、蜜果子。这肉都煮熟也。脖项骨、背臂、胁扇、前膊、后腿、胸子,却怎么不见一个后腿?馒头馅儿里使了也。汤水茶饭都了也。

其中果蔬罗列在白话俗文学中多见,譬如《西游记》第一回送大王时的那场筵宴,大肆罗列"樱桃、梅子、龙眼、荔枝、林檎、枇杷、梨子、枣、桃、杏、李、梅、西瓜、柿子、石榴、芋栗、胡桃、银杏、椰子、葡萄、榛松榧柰、橘蔗柑橙",作者只想凸显丰盛的"小说家言",误将不产于一时的许多果品一并述及,这样的毛病甚至也被《原本老乞大》全部继承。《朴通事谚解》曾详述四个镇殿将军和两个操马舍人的打扮,譬如镇殿将军:

> 大明殿前月台上,四角头立地的四个将军,咳!那身材!身长六尺,腰阔三围抱不匝,头戴四缝盔,身披黄金镍子甲,曜日连环,脚穿着朝云靴,各自腰带七宝环刀,手持画干方天戟的,将钺斧的,拿剑的,手柱枪的,三尺宽肩膀,灯盏也似两只眼,直挺挺的立地,山也似不动悼。咳!正是一条好汉!这的擎天白玉柱,架海紫金梁,天子百灵咸助,将军八面威风。

元人陶宗仪《南村辍耕录》卷一"大汗"条说,"国朝镇殿将军,募选身躯长大异常者充。凡有所请给,名曰大汉衣粮,年过五十,方许出官",只提"身躯长大异常"。《朴通事谚解》这段文字明显是受白话俗文学影响而有意创新了,《集览》为此作注说"红盔银甲……名镇殿将军,亦曰红盔将军",正文里"黄金镍子甲"与"银甲"在颜色、材质上明显不合,这当然不是据实的叙述。课本中的"身长……腰阔……头戴……身披……脚穿……手持……"等人物装束的程式化、套路化表达,特别是"擎天白玉柱,架海紫金梁"这样的赞语,在宋元以来《水浒传》等俗文学中随处可见。白话俗文学中的人物装束描写,往往以韵文的诗词形式出现,袁无涯托名李贽所写《〈出像评点忠义水浒全书〉发凡》即指出,"旧本去诗词之烦芜,一虑事绪之断,一虑眼路之迷,颇直截清明。第有得此以形容人态,顿挫文情者,又未可尽除"(马蹄疾 1980)。需要特别注意的是,这些宋元以来俗文学中的骈体文字,在《老乞大》《朴通事》中都被改造成了散体,这是适合"常用汉语"所作的调整。

除了上述故事、食物、服饰等特定内容的移用模仿,白话俗文学在更深层次上对《老乞大》《朴通事》主题的设置产生了相当深刻的影响。《老乞大》会话 108 则,《朴通事》会话 106 则,主题涉及投宿住店、汉语教育、市场物价、请客访友、洽谈生意、看病服药、春游野餐、外地出差、雇人筑墙、购买绸缎、治疗腮疮、游戏娱乐、和尚偷人、男女调情、当物、索债、买马、猜谜、射箭、剃头、打刀等,极为丰富广泛(吴淮南 1995;李得春、崔贞爱 2008)。在总共 214 则会话中,大类上可归属于商业活动的所占比重最高,譬如《老乞大》的市场物价、洽谈生意、买卖契约、购物运送,《朴通事》的购买绸缎、马匹、珠宝、貂皮和打弓、打刀、当物、索债以及镶嵌金银、书写房契、讨价还价、人口买卖等,无不牵涉商业行为,朝鲜成宗时的李边说"《老乞大》《朴通事》……又有商贾庸谈"的论断也反衬了这一点(汪维辉 2005:462)。其次是求医问药,譬如《老乞大》治疗因"伤著冷物"而"消化不得""脑痛头眩"之病,"你那小女儿出班子来,俺来时都完痊疗了",《朴通事》的治疗腮疮疥痒、针灸艾灸、法医验伤、兽医治马、妇人生产后小心产后风感冒等。出现最少的也有类似"和尚偷人""男女调情"这样的主题。商贾在宋元以来的话本小说杂剧中大量存在,即使在"后人分类的婚姻爱情剧、神仙道化剧、历史剧、公案剧、社会问题剧等各种题材的剧作中,无一不有商贾形象的出现"(张静 2007),说俗文学中的商人形象影响了《老乞大》《朴通事》中商业活动主题的比重,也就再顺理成章不过了。而诸如"和尚偷人""男女调情"的主题,在实际言语交际中并非通常规约内容,《朴通事》中所以出现,想来也是因为"淫僧形象在宋明时代的话本小说中出现频率颇高"的缘故(项裕荣 2012)。⑥

2.1.2 语言交际力与白话俗文学

Halliday(1998:185-235)指出自然语言的活动功能(active function)与语言元功能(metafunction)中的人际功能(interpersonal function)相对应,而人际功能须借助语句的配置(configurational)来实现(杨炳钧、覃朝宪 2001)。语言交际中人际功能的实现不是静态现象,而是动态现象,不同语言成分所起的作用不同,因此语句的配置(即语义内容和关系)便决定了交际力(communicative dynamism)的程度,交际力推动语言交际向前发展(胡壮麟 2013:270-271)。以往研究者都注意到《老乞大》《朴通事》"采取会话体形式","自然采用口语的表达方式","注意体现语言教学的交际性原则","注意创造模拟交际的语言环境",这些实际已经触及了语言的交际力。不过《论语》《孟子》一直都是朝鲜司译院所用教科书(乌云高娃、特木勒 2003),况且《论语》《孟子》多为孔孟与人会话交际之词,刘熙《释名·释典艺》即说"《论语》,记孔子与弟子所语之言也",可是为何不见以时语"直解""翻译"二书来作为第二语言教科书呢? 其根本原因在于《老乞大》《朴通事》二书内容具有独特的交际力,它更能体现李边所说"常用汉语"的要求。所谓的"常用汉语",语域上为日常生活,语体上指口语问答,语用上为日常交际。对照这一要求可以注意到,虽然可以汉语日常口语"直解""翻译"《论语》《孟子》,但因其交际方式主要是"孔子谈话、答弟子问及弟子间相与讨论"(辞海编辑委员会 1999:1104)或观点直陈,内容多为阐述政治主张、伦理思想、道德观念、教育原则,它倾向于说理而很少直接推动日常具体交际行为的开展。

《老乞大》《朴通事》语言交际力的凸显同样受到了宋元以来白话俗文学的影响,后者在语域、语体、语用上都可以作为学习"常用汉语"的示范,其词汇、语法的使用频率与语境之间建立了相互呼应的模式(韩礼德 2011)。不论是话本、杂剧还是小说,它们多属叙事体语篇。"叙事的内容是社会生活事件过程,即人的社会行为及其结果",叙述内容包括事件、情节、人物、场景,事件由若干层次构成,可以细分到最小的细节(童庆炳 2004:240-245),叙事体语篇的基本组织形式是时间顺序,事件需要依照时间顺序向前推进发展(方梅 2007)。叙事语篇和以说明、陈述、介绍、评价为特征的"说明性语篇"不同,它强调进入语篇的各种语言要素对事件发展的推动作用,语言的活动功能也因此体现得更为充分。叙事体语篇中言语问答占有重要位置,它对于情节推进、事件展开、形象塑造具有不容忽视的作用,在元明以来的白话俗文学中大量使用,譬如《西游记》第三回"四海千山皆拱伏 九幽十类尽除名"总共 18 个自然段落,只有 1 段没有语言交际。宋元白话俗文学中比较典型的例子是《快嘴李翠莲记》,其故事情节发展除赖很少的叙述文字外,大量篇幅都是李翠莲及其他人的言语。

在元话语(metadiscourse)研究看来,言语问答属于交互类元话语(interactive

metadiscourse)(Hyland 2012),其功能是引导作者与读者的互动。交互类元话语作为语言交际的一项基本特征,当然不仅是支持语篇人际功能的实现,它在活动类型(activity type)上侧重于场境(setting),集中反映了语言的力量(韩礼德 2011),人物言语问答本身即为推进事件发生发展的重要因素,情态(mood)、意态(modality)等手段使用丰富,具有更强的语言交际力,它凸显的是自然语言的活动功能。《老乞大》《朴通事》受白话俗文学影响而配置了大量的口语问答,一方面可以提供日常生活语域涉及的大量基本词汇、语句结构和文化知识;另一方面又可根据特定交际中的语句配置,引导学习者立足并超越特定问答主题,体会、归纳、升华出一套通过语言问答解决特定主题问题的语言处理机制,从而实现类似场合、相近主题语言交际实际中的迁移,最终习得能够应用的"常用汉语"。课本中随言语问答提供的是有关主题事件的发生发展过程和原因、依据、结果等背景信息,其背后则是可以迁移的说明、陈述、介绍、评价等特定言语功能,以及有关词语、句式在功能实现过程中的作用、意义。譬如关于"剃头"的会话:

> 叫将那剃头的来。
> 你的刀子快也钝?
> 我剃头的,管甚么来刀子钝?
> 你剃的干净着,不要只管的刮。刮的多头疼。剃了,撒开头发梳。先将那稀笓子搊了,将那挑针挑起来,用那密的笓子好生搊着。将风屑去的爽利着。梳了,绾起头发来,将那镊儿来,摘了那鼻孔的毫毛。将那铰刀斡耳,捎篦来掏一掏耳朵。与你五个铜钱。

问答之中不仅出现了与剃头有关的各样事物,同时还涉祈使、提问、反问、要求、禁止、说明等诸多言语功能,并及"将"字、"着"字、处置式、连谓结构、述补结构、双宾语、正反问和反问疑问句式。语域上涉及日常百态,语体上为口头问答,语用上属于日常交际,所有这些与白话俗文学贴近的强有力"语言交际力"特点,使得《老乞大》《朴通事》成为学习"日常汉语"的标准范本。

正像上文所说,"日常汉语"自然包含着语音标准。如同白话俗文学影响了《老乞大》《朴通事》素材选择、专注语言交际力一样,它同样影响了二书的语音标准。元杂剧无论创作还是表演,都要求采用当时的北音,其间既有《中原音韵》韵书规范,也有创作者、评论家的倡导,魏良辅即言"曲有两不杂:南曲不可杂北腔,北曲不可杂南字"。当朝鲜世宗二十五年(1443)创制训民正音并于三年后颁布,这种对于时音的关注终于可以借助朝鲜的拼音文字落到实处了。审音过程中仍然可见俗文学的影响,崔世珍《四声通解》所作音注多引《中原音韵》,譬如"柱"下"《中原音韵》柱、纻、竚、苎、贮并音驻"。

注 释

① 审稿专家特别指出,"《老》《朴》二书最早的版本是高丽时代的汉语教科书,并无朝鲜语注释,且最早

① 的《朴通事》仅存半本。之后有《译解》《重刊》《翻译》等多个版本,但这都是李朝确立系统的汉语教学制度以后的事"。感谢审稿专家的提示。关于《老乞大》《朴通事》两类教科书系列的版本之间的具体关系,汪维辉(2005)有更详细的说明,可以参看。

② 《老乞大》《朴通事》两类教科书系列的不同版本之间有接续的修订关系,前后不断的修订共同构成了两类教科书的经典化,下文以《老乞大》《朴通事》作为两类书的类指,以《老乞大谚解》《朴通事谚解》等名称称说具体版本,以体现不同版本的区别。感谢审稿专家的提醒。

③ 这里的"北京口语"并不准确,江蓝生在给李泰洙(2003)所写的序言中指出《老乞大》《朴通事》"更能反映当时北方汉语口语的真实面貌"。感谢审稿专家的提醒。

④ 审稿专家指出,"最早以教科书形式出现的汉语教材,学界认同的恐怕只有《老》《朴》二书"。须说明的是,《元朝秘史》为汉人学习蒙古语的教科书,陈垣(甄金 1983)早已指出"汉译秘史,与华夷译语本伯仲之书,其用均在习蒙古语"。感谢审稿专家提醒。

⑤ 审稿专家特别提醒,《李朝实录》等显示,朝鲜李朝行科举法,设文科、吏科、译科三科,由司译院、承文院实施汉学教育和考试。郑光、林锡文、梁伍镇、张敏、董明等教授对其体制、机构、政策、效果等有具体论述,可以参阅。感谢审稿专家的提醒。

⑥ 《老乞大》《朴通事》的定位就是要反映真实的汉语口语,这一真实的口语定位,必然使二书与当时的白话俗文学中的语言接近。这个说法涉及的是语言定位问题,而本节探讨的是语料来源问题,既定的语言定位需要特定的语料来源作支撑,特别是就元末的《老乞大》《朴通事》最早版本,直接采用或参照白话俗文学仿写是相对容易操作的方式。上述所列《老乞大》《朴通事》自身的文本内容,即显示了白话俗文学同它们之间的密切关系。感谢审稿专家提示对此作出进一步的思考和说明。

参考文献

长泽规矩也(1990)《和刻本类书集成》第一辑,上海古籍出版社。

程相文(2001)《老乞大》和《朴通事》在汉语第二语言教学发展史上的地位,《汉语学习》第 2 期,55—62 页。

辞海编辑委员会(1999)《辞海》普及本(上册),上海辞书出版社。

方　梅(2007)语体动因对句法的塑造,《修辞学习》第 6 期,1—7 页。

骨勒茂才(1989)《番汉合时掌中珠》(黄振华、聂鸿音、史金波整理),宁夏人民出版社。

关辛秋(2004)元以来一部多个语种版本的第二语言教材——三种文本《老乞大》教材编写特点分析,《汉语学习》第 3 期,50—55 页。

韩礼德(2011)篇章、语篇、信息——系统功能语言学视角(姜望琪、付毓玲译),《北京大学学报》第 1 期,137—146 页。

韩相德(2012)韩国传统的汉字教育、教材简介,《东亚文学与文化研究》第二辑,215—224 页。

胡明扬(1963)《老乞大谚解》和《朴通事谚解》中所见的汉语、朝鲜语对音,《中国语文》第 3 期,185—192 页。

胡壮麟(2013)《语言学教程》(第四版中文本),北京大学出版社。

蒋绍愚(2005)《朝鲜时代汉语教科书丛刊·序》(汪维辉编),中华书局。

金基石(2004)韩国汉语教育史论纲,《东疆学刊》第 1 期,34—42 页。

金基石(2005) 韩国李朝时期的汉语教育及其特点,《汉语学习》第 5 期,73—80 页。
金基石(2006) 崔世珍与韩国李朝时期的汉语文教育,《汉语学习》第 4 期,76—80 页。
李丙畴(1966)《老朴集览考》,进修堂。
李得春、崔贞爱(2008)《老乞大》、《朴通事》及其谚解本在朝鲜王朝华语教育中的贡献,《延边大学学报》第 2 期,34—38 页。
李泰洙(2003)《〈老乞大〉四种版本语言研究》,语文出版社。
李治安(2009) 元代汉人受蒙古文化影响考述,《历史研究》第 1 期,24—50 页。
林东锡(1982)《朝鲜译学考》,台湾师范大学国文研究所博士学位论文。
刘红军、孙伯君(2008) 存世"华夷译语"及其研究,《民族研究》第 2 期,47—55 页。
罗常培、蔡美彪(2004)《八思巴字与元代汉语》增订本,中国社会科学出版社。
马蹄疾(1980)《水浒资料汇编》(第 2 版),中华书局。
石昌渝(2007)《朴通事谚解》与《西游记》形成史问题,《山西大学学报》第 3 期,52—57 页。
钱伯泉(2017)《蒙古秘史》的版本、内容及其成书年代研究,《西部蒙古论坛》第 2 期,3—10 页。
童庆炳(2004)《文学理论教程》(修订二版),高等教育出版社。
汪维辉(2005)《朝鲜时代汉语教科书丛刊》第一册,中华书局。
王凤雷、孟长生(2012) 元代的蒙文教材和讲义,《内蒙古师范大学学报》第 8 期,1—4 页。
乌云高娃、特木勒(2003) 朝鲜司译院"汉学"研究,《元史及民族史研究集刊》第十六辑,228—235 页。
吴 晗(1980)《朝鲜李朝实录中的中国史料》第一册,中华书局。
吴淮南(1995) 作为外语的汉语口语教材《朴通事》和《朴通事谚解》,《南京大学学报》第 4 期,126—131 页。
项裕荣(2012) 试论中国古代小说中的淫僧形象——以明代话本小说为讨论中心,《明清小说研究》第 4 期,50—62 页。
杨炳钧、覃朝宪(2001) 系统功能语言学中的元功能思想,《中山大学学报》第 1 期,47—56 页。
岳 辉(2014)《朝鲜时代汉语官话教科书研究》,吉林大学出版社。
张 静(2007) 元杂剧中的商贾形象与元代文人的精神世界,《戏曲研究》第七十二辑,97—117 页。
张民权、田 迪(2016)《蒙古字韵》编撰与校勘情况,《中国语言学报》第十七期,205—214 页。
张亚军(1989) 历史上的对外汉语教学,《语言教学与研究》第 3 期,77—95 页。
张永言(1985)《训诂学简论》,华中工学院出版社。
甄 金(1983)《蒙古秘史》汉译考,《内蒙古师大学报》第 3 期,22—30 页。
Hyland, K. (2012) *Metadiscourse*. 外语教学与研究出版社。
Halliday, M. A. K. (1998) Things and relations: Regrammaticising experience as technical knowledge. In Martin, J. R. & Veel, R. (eds.). *Reading Science: Critical and Functional Perspectives on Discourses of Science*, 185—235. London: Routledge.

作者简介

李云龙,中国教育出版传媒集团有限公司出版传媒部高级主管,编审,主要研究方向为汉语语法史、语音史和语文课程与教材编写。Email: liyunl@cepmg.com.cn。

四十年间国际中文教材研究的热点、趋势与特征

李宝贵　李　慧　璩大盼

辽宁师范大学国际教育学院

提　要　本文以文献计量学为理论基础,利用CiteSpace软件绘制科学知识图谱,对改革开放以来国际中文教材的相关研究进行可视化分析。研究发现,国际中文教材研究的热点主题聚焦于教材编写理论、内容要素、体例结构、教材类别、教材评估、教材对比、国别化教材、本土化教材研究等。研究的最新趋势有教材编写理论、教材类型、教材评估、本土化教材、国别化教材等。研究呈现明显的阶段性特征。今后,应重视教材评估研究,加强"需求侧"研究,充分利用多元研究方法,加强团队合作研究。

关键词　国际中文教材　CiteSpace　热点主题　最新趋势　演进特征

伴随着国际中文教育事业的高速发展,国际中文教材建设也取得了显著成绩,基本实现了体系化,开始向立体化方向发展。关于教材研究,多位学者进行了述评,如赵贤州(1987),李泉(2002),刘弘、蒋内利(2015),邵明明(2017)等,但他们多运用传统的文献分析法。本文运用文献计量可视化软件CiteSpace梳理、总结了改革开放以来相关的研究成果,能够更加直观、全面地呈现出国际中文教材研究的整体发展状况和演变特征,以期更好地了解国际中文教材的研究现状,反思研究中存在的短板,提出对国际中文教材研究的建议,应对新形势对国际中文教育提出的新挑战。

与以往的研究相比,本文的研究具有以下拓展和贡献。一是考察内容的拓展:从文献数量、期刊分布、核心作者、热点主题等方面对国际中文教材的研究展开分析。二是数据期间的拓展:搜集了四十年的文献,在更长的时间跨度内分析国际中文教材的研究现状。三是数据库的拓展:以CNKI为数据源,该数据库是目前国内最大的全文数据库。四是研究方法的拓展:运用CiteSpace可视化知识图谱及文献计量学方法,直观地展示国际中文教材的研究热点、最新趋势与演变特征。

一 研究方法与数据处理

1.1 研究方法

文献计量法是以文献计量学为理论基础,借助数学和统计学方法,最终达到总结归纳某一科学研究领域已发表论文的一般规律的一种研究方法。CiteSpace 软件是进行可视化分析的软件之一,它可以直观、清晰地为研究人员提供数据的频次、中心性[①]等重要数据资料,使研究者更为直观地探测和分析出学科领域的研究热点。本文运用 CiteSpace 软件对搜集的国际中文教材研究的相关文献进行可视化分析,并辅之以 Excel 数据处理工具,探测出四十年来国际中文教材研究的发文情况、作者合作情况以及热点主题、最新趋势以及演变特征等规律。

1.2 数据处理

在 CNKI 中,采用高级检索,篇名="汉语"并含"教材",时间段="1978—2019 年",选择中文文献,检索得到文献 4193 篇,检索时间为 2020 年 3 月 22 日。将无作者、征稿通知、通告、主题无关的文献剔除,最终得到有效文献 3461 篇,其中,期刊文献 1207 篇(包含辑刊文献 212 篇);会议论文 325 篇;报纸论文 7 篇;硕博论文 1922 篇(包含博士论文 9 篇)。运用 Excel 数据处理工具和 CiteSpace 软件,对改革开放以来国际中文教材研究文献增长规律、期刊分布、作者发文量、高被引文献、作者合作情况、研究热点、最新趋势和演变特征等规律进行描述性分析,把国际中文教材领域研究现状动态化地呈现出来。

二 国际中文教材研究的时空分布

对改革开放以来国际中文教材的相关研究从发文数量、期刊分布、作者合作等情况进行统计,使文献的各类信息实现量化呈现,直观、明了地呈现出隐匿在文献数据信息中不易察觉的现象和规律。(李宝贵、李慧 2019)

2.1 年度发文量分析

年度发表文献的数量及变化趋势在总体上反映了该领域的重要性和受关注的程度。(孙威、毛凌潇 2018)如图 1 所示。

从期刊文献来看,以 1978 年的零篇起步,1978—1986 年,国际中文教材研究文献只有零星几篇;1987—1999 年,国际中文教材研究发文量均在 10 篇以下,属于研究起步期;2000—2006 年,国际中文教材研究发文量从 10 篇左右发展到 20 篇左右,年度发文量缓慢增长;2007—2009 年,国际中文教材研究年度发文量 30 余篇;2010—2019 年,发文量均在 100 篇左右,此期间发文量趋于稳定。可以看出,改革开放以来,国际中文教材研究在发文量上经历了从起步、缓慢增长、快速增长再到稳步增长的过程。

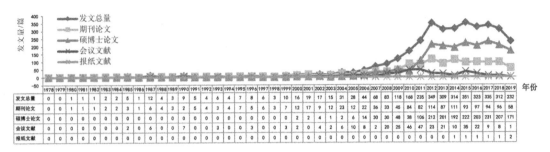

图 1　1978—2019 年国际中文教材研究文献年度发文量

从硕博士论文数量来看,研究始于 2000 年,2000—2010 年间研究处于萌芽期,其后相关研究逐渐受到重视,文献数量逐年增加,2011 年发文量百余篇,直至 2012—2019 年年度发文量多高达 200 余篇。

2.2　文献期刊分布

布拉福德定律[②]指出,对文献期刊进行统计分析可以揭示该研究领域文献的空间分布特点,确定该研究领域的核心区期刊,并为相关研究者进一步深化研究提供有效的情报依据(江向东、傅文奇 2008)。统计国际中文教材研究文献数量居前 10 位的期刊,见表 1。

表 1　国际中文教材研究文献核心区期刊统计表

序号	期刊名称	载文数量(篇)
1	海外华文教育	72
2	云南师范大学学报(对外汉语教学与研究版)	56
3	国际汉语学报	55
4	语言教学与研究	53
5	语文学刊	45
6	世界汉语教学	37
7	国际汉语教育	32
8	人文丛刊	27
9	语言文字应用	26
10	汉语学习	25

根据表 1,第一,根据布拉德福定律,本文中 $r_0 = 2\mathrm{Ln}(e^E \times 72) \approx 9.71$,即发文量排名前 10 位的期刊处于核心区。《海外华文教育》《云南师范大学学报(对外汉语教学与研究版)》《国际汉语学报》《语言教学与研究》《语文学刊》《世界汉语教学》《国际汉语教育》《人文丛刊》《语言文字应用》《汉语学习》属于核心区期刊,核心区期刊发文总量为 428 篇,约占文献总数的 27.65%,略低于布拉福德定律中核心期刊区所载文献量要占总文献量1/3 的标准,故能反映出国际中文教材研究成果分布相对集中在核心区期刊。第二,在核心区期刊中,《语言教学与研究》《世界汉语教学》《语言文字应用》《汉语学习》为 CSSCI 来源

期刊；《国际汉语学报》《国际汉语教育》《人文丛刊》为高质量的学术辑刊；《海外华文教育》《云南师范大学学报(对外汉语教学与研究版)》2019年影响因子分别为0.452、1.052。由此可见,国际中文教材的核心区期刊刊载文献质量较高,具有一定的集中性和代表性,能够在一定程度上反映本学科最新研究成果和前沿研究方向。

2.3 国际中文教材研究文献作者分析

在某一领域有着固定研究方向的作者对于该学科领域的研究起到了不可或缺的作用,其研究内容也受到其他研究者的广泛认同和关注(李宝贵、尚笑可 2019)。从作者发文量、核心作者群、被引文献分析、作者合作情况四个方面对文献数据进行分析,可以了解国际中文教材研究领域中作者群体的成熟程度和稳定性。

2.3.1 作者发文量及核心作者群分析

美国统计学家洛特卡通过研究发现作者与所写论文数量之间存在平方反比定律,即在一个成熟的研究领域,写 n 篇论文的作者数量约为写 1 篇论文作者数的 $1/n^2$,并且写 1 篇论文的作者数量约占所有作者数量的 60%(Egghe & Rousseau 1990)。普赖斯通过对文献作者与文献数量关系进行研究后提出了普赖斯定律：在某一研究领域中,一半的论文为核心作者群撰写,核心作者数量等于作者总数的平方根[3]。表 2 为署名作者发文量分布情况。

表 2 署名作者发文量统计表

序号	署名次数	人数	序号	署名次数	人数
1	21	1	8	6	5
2	13	1	9	5	10
3	12	1	10	4	26
4	10	1	11	3	68
5	9	2	12	2	155
6	8	2	13	1	1062
7	7	5	总计	—	1339

由表 2 可知：第一,本研究 1548 篇文献中,作者共有 1339 位。发表 1 篇文献作者数约占作者总数的 79.31%,远高于洛特卡定律规定的约占 60%的理论值。这表明国际中文教材的研究群体并不固定,缺乏长期研究该领域的学者。

第二,核心作者群是某一研究领域中研究成果数量较多、科研生产能力较高的作者群体,可以被看作是该领域研究的中坚力量(陈新忠、张亮 2018)。本文的 $N_{min}=0.749\times21^{1/2}\approx3.43$。因此,发表 4 篇文献以上(含 4 篇)的作者为国际中文教材研究的核心作者,由表 2 可知核心作者共有 54 人,发文总量 309 篇,约占文献总量的 19.96%,与普赖斯定律规定的理论值 50%相差甚远。这表明当前国际中文教材研究领域还没形成具有较高科研生产能力的作者群体,对该领域进行持续研究的学者数量较少。

2.3.2 被引文献分析

被引频次是指文献发表后被其他论文作为参考文献引证过的频次,被引量的多少可以判断文献质量水平的高低和引起专业领域反响的程度(陈振宁 2018)。改革开放以来国际中文教材研究的被引频次排名前 20 的文献,见表3(统计时间为 2020 年 3 月 22 日)。

表 3　国际中文教材研究被引频次排名前 20 的文献

序号	篇名	被引频次	作者	期刊名称	发表时间
1	论对外汉语教材评估	1587	赵金铭	语言教学与研究	1998-09-10
2	近20年对外汉语教材编写和研究的基本情况述评	934	李泉	语言文字应用	2002-08-15
3	对外汉语教材创新略论	895	赵金铭	世界汉语教学	1997-06-15
4	编写初级汉语教材的几个问题	849	杨寄洲	语言教学与研究	2003-07-25
5	新一代对外汉语教材的展望——再谈汉语教材的编写原则	847	刘珣	世界汉语教学	1994-03-15
6	论对外汉语教材的针对性	747	李泉	世界汉语教学	2004-06-15
7	对汉语教材练习设计的考察与思考	638	周健,唐玲	语言教学与研究	2004-07-25
8	对外汉语教材语法项目排序的原则及策略	622	吕文华	世界汉语教学	2002-12-15
9	对外汉语教学基础教材的编写问题	545	胡明扬	语言教学与研究	1999-03-10
10	初级汉语教材的编写问题	539	佟秉正	世界汉语教学	1991-03-15
11	论对外汉语教材的实用性	529	李泉	语言教学与研究	2007-05-10
12	对外汉语教材练习编写的思考	513	李绍林	云南师范大学学报	2003-05-15
13	对外汉语教材的创新	486	程相文	语言文字应用	2001-11-15
14	1998—2008 十年对外汉语教材述评	463	朱志平,江丽莉等	北京师范大学学报(社科版)	2008-09-25
15	汉语个别教学及其教材	445	张占一	语言教学与研究	1984-09-30
16	跨越与会通——论对外汉语教材研究与开发	441	赵金铭	语言文字应用	2004-05-15
17	对外汉语文化教材研究——兼论对外汉语文化教学等级大纲建设	440	张英	汉语学习	2004-02-15
18	论对外汉语教材的科学性	372	李泉,金允贞	语言文字应用	2008-11-15
19	试论对外汉语教材的规范化	353	杨德峰	语言教学与研究	1997-09-10
20	新一代对外汉语教材的初步构想	348	杨庆华	语言教学与研究	1995-12-10

通过表3可知,从被引频次来看,赵金铭的《论对外汉语教材评估》被引用1587次;李泉的《近20年对外汉语教材编写和研究的基本情况述评》被引用934次;赵金铭的《对外汉语教材创新略论》被引用895次;杨寄洲的《编写初级汉语教材的几个问题》被引用849次;刘珣的《新一代对外汉语教材的展望——再谈汉语教材的编写原则》被引用847次。

从发文期刊来看,《世界汉语教学》刊登5篇,《语言教学与研究》刊登8篇,《语言文字应用》刊登4篇,《汉语学习》刊登1篇,《云南师范大学学报》刊登1篇,《北京师范大学学报》刊登1篇。这与前文论述的核心区期刊基本吻合,进一步证明了核心区期刊文献具有一定的学术影响力。

从文献内容来看,被引频次较高的文献主要围绕汉语教材的编写原则、编写中存在的问题、教材的针对性与实用性、教材评估等进行探讨。这些研究领域的热点问题,为以后学者的研究起到了指引作用。

从发表时间来看,2000年以前(含2000年)发表8篇,2001—2010年发表12篇。可见,2010年以前的相关研究成果影响力较高,为之后相关研究奠定了基础,提供了参考与借鉴。

2.3.3 作者合作图谱分析

合作研究是研究资源以及知识共享的一种重要方式,它不仅可以促进资源的优势互补,而且能实现相关领域的交流和共享(李宝贵、施雅利 2019)。运用信息可视化软件CiteSpace绘制1978—2019年国际中文教材研究的学术期刊文献的作者共现可视化图谱,启用CiteSpace,研究年限为1978-2019年,Node Types一栏选择"Author",设定的阈值为(1,1,20;1,1,20;1,1,20),将所有参数设定完毕后,运行CiteSpace软件,呈现出作者合作网络图谱,共得到节点1339个,连线366条,如图2所示。

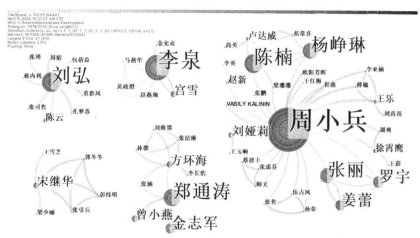

图2　1978—2019年国际中文教材研究领域作者合作网络图谱

通过设置,图2中仅提取合作规模居前五的作者合作群,由此可以看出,周小兵团队、郑通涛团队、刘弘团队、李泉团队、宋继华团队等已经形成合作区域。经二次文献检索发现,研究团队的形成多因作者隶属于同一高校,故各自形成科研团体。统计分析合作规模排名前五的作者群发文情况,见表4。其中,排名先后按照合作规模大小,总发文量仅统计有作者合作关系的文献。

表4 合作规模排名前五的作者群发文情况统计

序号	团队名称	合作规模(人)	总发文量	核心期刊数量	总被引次数	总下载次数
1	周小兵团队	32	23	18	870	31239
2	刘 弘团队	9	9	1	131	5769
3	郑通涛团队	8	6	0	127	3638
4	李 泉团队	6	4	4	546	11506
5	宋继华团队	6	3	2	13	1366

由表4可知,国际中文教材研究领域虽然现在作者合作已初具规模,尤以周小兵团队合作规模最大,研究成果也颇具影响力。但是总体来看,合作规模的大小对科研产出并不会产生很大的影响,合作群体的扩大,对研究成果质量及影响力作用甚微。因此,今后的研究中,合作规模应进一步扩大,科研水平还有较大提升和发展的空间,国内各高校和相关研究机构应积极鼓励学者进行合作研究,尤其是跨学科、跨地区的合作,各院校、各地区协调发展,形成浓厚的学术氛围,以促进国际中文教材研究,提高整体研究水平。

三 国际中文教材研究的热点主题

研究热点是指一定时期内学界特别关注并比较集中地发表了较多相关论文的问题(吴英成、罗庆铭 2009)。国际中文教材的研究热点是学者们需要关注的主要问题之一。运行 CiteSpace,经数据处理后得到1978—2019年国际中文教材研究的关键词共现知识图谱,见图3。

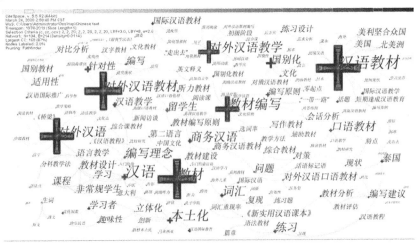

图3 1978—2019年国际中文教材研究的关键词共现知识图谱

其中节点194个,连线214条,关键词之间连线表示两个关键词是相关联的,连线越粗说明节点之间的关联程度越高。关键词节点越大说明该关键词出现的频次越高。运用Export功能,得到国际中文教材研究排名前30的高频关键词。由于知识图谱中有些关键词的意思极为相似或是同一词组的不同表达,例如"对外汉语教学"和"汉语教学"、"对外汉语教材"和"汉语教材"等;还有一些词并未反映文献主题的核心内容,如"分析""问题""对策""汉语"等。因此,分析时将这些词视为无效词,不在表中显示(见表5)。

表5 1978—2019年国际中文教材研究排名前30的高频关键词(中心性＞0)

序号	频次	中心性	关键词	序号	频次	中心性	关键词
1	486	0.29	汉语教材	16	18	0.01	语法点
2	139	0.44	对外汉语	17	16	0.01	文化因素
3	114	0.39	教材编写	18	16	0.02	趣味性
4	110	0.14	汉语教学	19	15	0.02	阅读教材
5	43	0.1	国别化	20	13	0.27	泰国
6	28	0.04	针对性	21	12	0.07	商务汉语教材
7	28	0.28	练习	22	11	0.29	编写理念
8	27	0.09	编写原则	23	10	0.07	汉语国际推广
9	24	0.31	本土化	24	10	0.02	国别化教材
10	24	0.09	口语教材	25	9	0.03	编写建议
11	24	0.01	生词	26	9	0.04	教材分析
12	23	0.26	商务汉语	27	7	0.06	"一带一路"
13	22	0.25	词汇	28	6	0.1	听力教材
14	22	0.4	留学生	29	6	0.04	练习设计
15	21	0.04	学习者	30	5	0.02	文化教材

从知识梳理角度出发,结合关键词共现知识图谱、关键词的频次和中心性进行分析,并通过二次文献探查,进一步分析教材研究的热点内容。研究发现,目前国际中文教材研究的热点主要聚焦于以下几个方面。

3.1 教材编写理论研究

教材编写理论研究是教材研究的重点内容,用以指导具体教材的编写实践。二次文献探查发现,与教材编写理论研究相关的关键词节点有"编写原则""编写理念""编写建议"等。

关于汉语教材编写宏观理论的研究,已经进入成熟阶段。首先,"结构—功能—文化"相结合的教材编写理念科学指导了汉语教材的编写;其次,成熟的语言学理论是教材编写的理论基石,不同教学法的应用也为教材编写注入了新的生命力。目前中文教材研究中"分科教学法"和"任务型教学法"较多。

关于汉语教材编写原则的研究,相关的关键词节点有"针对性""趣味性"等。吕必松、李泉、刘颂浩等学者提出了指导性原则、趣味性原则、对比性原则等。其中,针对性原则、趣味性原则的研究较多。学者指出教材编写要兼具针对性原则与趣味性原则。其一,针对性是教材编写的首要依据(李更新等 1983),教材是否具有针对性,决定了教材质量的高低。二次文献探查发现,研究的热点主要集中在:教材针对性的实质,以及针对性原则在实践中的应用,并就目前应用中存在的问题,提出相应改进对策。学者们建议,一是要根据学生的国籍、语言环境、汉语水平、学习目的等研究教材的针对性;二是在教材编写的过程中要充分体现教材的针对性;三是中外联合编写教材有利于增强教材的针对性。其二,教材的趣味性原则是教材编写过程中的辅助原则,具有保护学习积极性、激发学习动机的作用(刘颂浩 2008)。研究多集中于教材编写实现趣味性原则的路径。

3.2　教材内容要素研究

与教材内容要素编写相关的节点有"词汇""文化因素""语法点""生词"等。二次文献探查发现,研究较多集中在教材在词汇、语法点、文化要素、课文的处理上。第一,在词汇研究方面,研究聚焦于教材中的词汇选择、词汇量、词汇复现率、生词释义等;此外还涉及不同教材中词汇的比较研究。第二,在语法研究方面,研究聚焦于语法点的选取与编排。语法点的编排要由易到难,由简到繁。第三,在文化要素研究方面,研究主要有文化项目的选择与编排,以及汉语教材中文化因素的融入。选择的文化项目要有代表性,编排上要与教学阶段相适应,同时要充分尊重不同文化背景的学习者的文化差异性。

3.3　教材体例结构研究

关于体例结构的研究,相关的节点有"练习""课文"等。二次文献探查发现,研究的热点主要是练习在教材体例结构中的设置,主体部分的课文、生词、语法点是知识的输入,练习部分是知识的输出。研究发现,汉语教材中存在主体部分总体输入和练习部分整体输出的割裂问题。练习是语言习得的主要途径,具有不可或缺和不可替代的关键地位(周健、唐玲 2004)。研究成果主要是练习形式、练习的编写原则、练习设计、练习的有效性等。研究显示汉语教材练习存在练习量不均衡、针对性不够、提高能力的练习较少等问题,亟须解决,还需继续深入研究。

3.4　教材类型研究

二次文献探查发现,教材类型主要分为技能教材、国别化教材、专门用途教材、中小学教材等。

其一,与技能教材研究相关的节点有"口语教材""听力教材""文化教材""精读教材"等。研究的热点主要集中在对各项语言技能教材的研究。汉语教学以应用价值为主的特点越来越凸显,对口语、听力等语言技能教材提出新要求。

其二,国别化教材主要针对"泰国""韩国""美国""意大利"等。研究主要集中在:国别化教材的概念、编写理据、主要特点、教材评介、实现途径等。

其三,专门用途教材包括"商务汉语教材""医学汉语教材""科技汉语教材""电视教材"等。其中商务汉语教材的研究较多。这主要受益于当下越来越多的学习者对汉语学习的多样化需求。专门用途汉语教材的编写以满足学生需求为目标,充分考虑了现实情况中出现的情景,教材编写更有针对性和实用性。

其四,儿童汉语教材的研究。随着汉语学习者低龄化的趋势渐强,汉语教材的研发也紧跟低龄化的趋势,越来越多的儿童汉语教材出版问世。如张丽、姜蕾(2015)从课文内容和课文形式方面入手,对儿童汉语教材编写提供参考,促进海外儿童汉语教育。

3.5 教材评估研究

目前关于教材评估的研究有三种:一是对某一时期教材研发总体情况进行总结;二是对某一国家或地区教材使用状况进行调查分析;三是针对某部具体教材的介绍与评析。

第一,关于某一时期教材研发总体情况的研究,例如,李泉从教材的数量、种类和理论研究回顾了之前20年汉语教材编写和研究取得的成就(李泉 2002);周小兵等对改革开放以来国际汉语教材的发展概况做了一个总结(周小兵等 2018);赵贤州就中华人民共和国成立以来24所院校的教材做了综合研究(赵贤州 1987)。

第二,关于某一国家或地区教材使用状况的研究,如在全球汉语教材库的基础上,系统考察新加坡华文教材的现状(周小兵等 2014);对编写意大利本土化汉语教材的思考(李雪梅 2010);等等。

第三,关于某部具体教材的研究,具体分析了《发展汉语》《博雅汉语》《跟我学汉语》《新实用汉语课本》等教材的词汇编排、练习设置,并进行了对比分析等,总结经验,思考其对教材编写的启示,为汉语教材的具体内容编写提供了借鉴。

3.6 教材对比研究

对比分析方法是国际中文教材的研究热点之一。教材对比研究的目的多是为了教材之间取长补短,优势互补。二次文献探查发现,研究集中在以下几个方面:

一是汉语教材与英语教材的对比。英语作为第二语言教学,研究体系已基本完善,教材编写已基本成熟。汉语教材与英语教材对比分析,有利于借鉴英语教材编写的成熟经验,推动汉语教材建设。

二是某一国家(地区)不同教材的对比。近年来,对某一国家或区域的本土化教材以本土化程度为标准进行对比的研究成为热点,目的是实现汉语教材的"因地制宜",推广优质本土教材,提高教学效率,推进国际中文教育质量的提升。

三是不同类型教材的对比。研究较多的是传统纸质教材与多媒体电子教材的对比分析,选取特定的语言点,对比教学形式和效果。

四是同一类型教材之间的对比。同一类教材中存在优劣之分,两种或多种教材进行对比,优点缺点一目了然,有利于教材水平齐头并进,教材编写质量整体提升。

五是民族汉语教材与对外汉语教材对比。对外汉语教材随着汉语国际教育事业的蓬勃发展已取得较大成就,但是民族汉语教材建设仍有待加强,通过多种角度对比两种教材,可以为民族汉语教材的建设提供编写建议。

3.7 国别化教材研究

与国别化教材相关的关键词节点有"泰国""韩国""日本""美国""马来西亚""意大利"等。对国别化教材的研究主要集中在:一是国别化教材的概念的提出,包括国别化教材与其他类型教材的关系,国别化概念的明确:汉语作为外语教师应该本土化,教材应该国别化,国别化教材编写应注意内涵的体现,不要使国别化流于形式或口号(李泉、宫雪 2015);二是国别化教材的编写理据,主要从语言政策、当前通用型教材不能满足不同国籍学习者需求的现状,以及"以学生为中心"的教学理念等方面,分析国别化教材编写的必要性和可行性;三是国别化教材的主要特点,主要是从话题和词汇选择、练习编排、语音语法词汇教学等多方面与其他类型教材的区别分析;四是具体国别化教材的评介,分别从编写者和使用者的角度分析某部国别化教材,发现编写问题,提出编写建议;五是国别化教材的实现途径,论证中外合编、建立科学的评估体系是实现国别化教材编写的主要途径。

3.8 本土化教材研究

二次检索发现,汉语教材本土化的研究热点集中在理论探讨、调查分析和实践策略方面。第一,关于本土化概念,赵金铭(2014)、周小兵(2014)等学者已明确阐释。第二,近年来,随着汉语学习者人数的不断增多,学习需求的多元化,汉语教材的本土化程度不高成为汉语教学面临的突出问题。但汉语教材的国别化与本土化问题尚有争议。吴应辉(2013)认为"本土化"比"国别化"的内涵和外延更丰富,"本土化"教材应用于国际汉语教学更有优势;赵金铭(2014)明确区分了汉语国际教育中的本土化、国别化概念,认为汉语作为外语教师应该本土化,教材应该国别化。第三,本土化汉语教材的编写就是要顺应本土思维,满足本土需求,集结中外优秀师资力量,发挥各方优势,针对不同国别、不同对象编写具有针对性的本土化汉语教材,实现汉语教材的"量身定制",推动孔子学院汉语教学质量的提升(李宝贵、刘家宁 2017)。

四 国际中文教材研究的最新趋势

研究的前沿主题是一段时间内某研究领域中相对集中的研究趋势(Chen 2006)。利用关键词自动聚类功能,通过聚类算法提取标签词,以此来表征对应于一定知识基础的研究前沿(陈悦等 2014)。利用 CiteSpace 软件绘制关键词聚类知识图谱,在关键词网络聚类中,选择寻径网络分析(pathfinder)后,将网络节点设置为关键词,自动识别出 11 个聚类,如图 4 所示。最后结合传统文献分析法,忽略与研究主题相关性不大的聚类,从以下几个方面分析 1978—2019 年国际中文教材研究的最新趋势。

图 4 1978—2019 年国际中文教材研究的文献关键词聚类知识图谱

结合相关聚类标识词引文历史折线,分析这些聚类的研究主题和核心思想,可以厘清国际中文教材研究的走向和趋势。结合文献的二次检索,探究出国际中文教材的相关研究趋势为:渐强型研究前沿以及最新前沿。

4.1 渐强型研究前沿

4.1.1 教材编写理论研究

聚类 Cluster0,大小为 20,轮廓值为 0.969,其中最大的标识词为"编写理念"。相关的关键词有"教材编写""编写原则""编写理念"等。结合二次文献探查,可以总结出该聚类是关于汉语教材编写的研究。

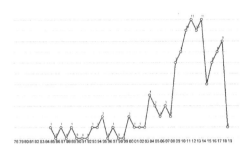
图 4-1　教材编写

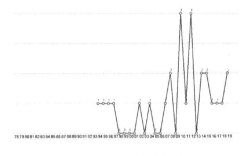
图 4-2　编写原则

根据关键词的引文历史,关键词"教材编写"从 1985 年首次出现,至今已出现 114 次,见图 4-1。历年来,教材编写研究一直是研究的热点内容,属于渐强型研究前沿。关键词"编写原则"1994 年出现,见图 4-2。教材编写是教学领域不可忽视的基础工程。要编写出高质量、有针对性的汉语教材,必须在恰当的教材编写理论指导下进行(李晓琪 2016)。由此可见,加强教材编写的理论探讨与基础研究必然会成为汉语教材研究持续关注的焦点。

4.1.2　教材类型研究

聚类 Cluster2,大小为 14,轮廓值为 0.928,其中较大的标识词为"口语教材""听力教材""商务汉语教材"等,相关关键词的引文历史,见图 4-3、4-4、4-5、4-6。结合二次文献探查可以看出,关于教材类型的研究属渐强型研究前沿。近年来,教材类型不断丰富,研究视角不断拓宽,学者们对"商务汉语教材"等的研究逐渐兴起。

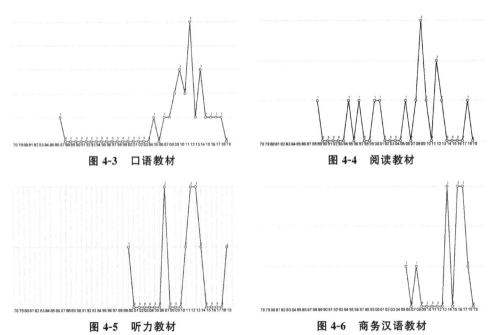

图 4-3　口语教材　　　　　　　　图 4-4　阅读教材

图 4-5　听力教材　　　　　　　　图 4-6　商务汉语教材

教材编写与课程设置有密切联系,汉语教学课程设置由一门综合课向多门技能课转变,对配套的语言技能教材提出新要求,不同课程需要合适的配套教材,教材编写随之呈现出系列化的特点,相关研究也随之展开,历年来,"口语教材""阅读教材""听力教材"等一直备受关注。

"一带一路"倡议提出以来,对既懂汉语又懂职业技术的复合型人才的需求越加旺盛,专门用途汉语教材是培养复合型汉语人才的重要保障。特色汉语教材的编写以满足学生需求为目标,充分考虑现实情况中出现的情景,具有针对性和实用性。因而专门用途的汉语课程所需教材的编写成为各界关注的焦点。正处于"一带一路"的发展机遇期以及建设特色孔子学院的需要,使得专门用途汉语教材的需求量大幅增加,相关研究自然成为研究热点。

4.2 最新前沿

4.2.1 教材评估研究

聚类 Cluster5,大小为 14,轮廓值为 0.959,其中较大的标识词为"教材分析""教材评估"。关键词"评估"2009 年出现,见图 4-7。结合二次文献探查,可以总结出该聚类是关于教材评估的研究。

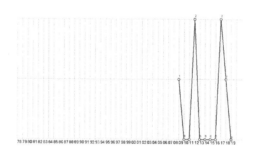

图 4-7 评估

赵金铭(1998)指出了建立一套完整的、科学的、便于操作的对外汉语教材评估系统的必要性。教材评估能够在一定程度上促进教材的编写。目前研究主题包括字词的超纲和复现、词语释义、编写特点和教学设计、练习类型和设置(谭萍 2017);评估对象包括语言技能教材、特殊目的教材、语言知识教材、文化教材等。但是总体来看,教材评估的研究十分薄弱,研究质量有待提高,应在现有基础理论的基础上推进标准体系的建立。

4.2.2 本土化教材研究

聚类 Cluster8,大小为 12,轮廓值为 0.919,其中最大的标识词为"本土化"。关键词"本土化"自 2009 年首次出现,出现频次为 24,见图 4-8。通过标识词的引文历史和二次文献综合分析,可以总结出该聚类是关于汉语教材本土化的研究。

近年来,本土化教材成为研究的热点内容,属于研究的最新前沿。主要原因在于:第一,编写者以固有的思维模式以及教学经验来编写教材,导致汉语教材"水土不服"现状严重。第二,海外孔子学院是推动国际中文教材本土化建设的中坚力量。孔子学院客观上推动了本土化教材的开发。第三,本土化教材成为研究热点与将外国人"请进来"学汉语向汉语加快"走出去"转变的总体形势紧密相关。不论是本土化教材的开发还是相关研究,都还有很大的提升空间。可以预测,一段时间内,教材的本土化研究仍然会成为学者关注的重点。

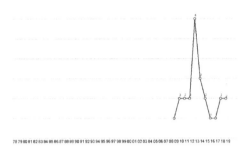

图 4-8　本土化

4.2.3　国别化教材研究

聚类 Cluster10,大小为 9,轮廓值为 0.937,其中较大的标识词为"国别化""国别化教材"等。关键词"国别化""国别化教材"均于 2010 年首次出现,分别出现 43 次和 10 次,见图 4-9、4-10。结合标识词的引文历史和二次文献探查,可以总结出该聚类是关于教材国别化的研究。

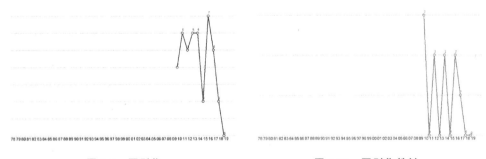

图 4-9　国别化　　　　　　　　　图 4-10　国别化教材

近年来,随着汉语学习者人数的不断增多,以及学习目标和需求的多元化,缺少合适教材便成为对外汉语教学面临的突出问题。因此,国别化教材的相关问题受到了广泛重视。国别化教材成为热点印证了我国汉语教育从对外汉语教学到汉语国际教育的转变、从"请进来"到"走出去"局势的转变。国别化教材研究数量突飞猛进,研究深度不断提高,并不是偶然的。2009 年 12 月,在厦门大学召开了"汉语国别化教材国际研讨会",之后陆续召开了一系列国别化教材国际研讨会,诸多学者就教材的国别化问题各抒己见,有效助力了国别化教材的研发。

五 国际中文教材研究的演进特征

利用 CiteSpace 的 timezone 功能,对国际中文教材研究的历时演进进行分析,结合传统文献分析法和内容分析法,绘制 1978—2019 年国际中文教材研究前沿主题的逐年分布表,以了解国际中文教材的关注倾向及演变特征,其中关键词所在的年限为其首次出现的时间(见图 5)。

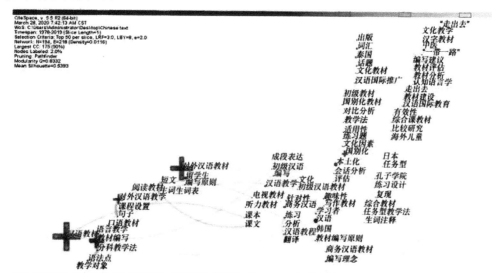

图 5 1978—2019 年国际中文教材研究前沿主题的逐年分布

5.1 起步阶段(1978—1999 年)

1978—1982 年,属于研究的初始期。研究内容均与"汉语教材"有关,但关键词无"汉语教材"。关键词"汉语教材"1982 年首次出现,即刘珣、邓恩明、刘社会在《试谈基础汉语教科书的编写原则》中提出,该文对汉语教材编写具有奠基性意义。在这一时期,"功能—句型—语法"相结合的教材编写理念的设想、编写原则的提出都为后来的学者们继续丰富汉语教材研究成果提供了不可取代的理论指导。

研究初期,学者们的研究主要集中于汉语教材编写的指导思想、编写原则等,如 1983 年的"教学对象";1984 年的"语法点";1985 年的"分科教学法""教材编写";1987 年的"课程设置"等,多从宏观理论层面来探讨教材编写。

1986 年新增"口语教材";1987 年新增"句子";1989 年新增"阅读教材";1991 年新增"生词""短文";1993 年新增"生词表";1994 年新增"编写原则"等。这表明 90 年代研究开始关注教材内容要素的研究。

5.2 缓慢增长阶段(2000—2008 年)

这一阶段,汉语教材研究范围不断扩大。如在汉语教材的一般性研究中,研究内容扩展,研究领域逐步深化。2000年新增"听力教材""课文""课本";2004年新增"商务汉语""针对性""练习";2007年新增"学习者";2008年新增"趣味性""商务汉语教材"。结合文献二次探查,这一阶段汉语教材研究的特点有:一是教材编写理论由宏观向微观转变,研究既包括词汇、文化等教材内容要素的研究,也包括课文、练习设置等关于教材编写实践中的基础性研究;二是关于语言技能教材的研究,听、说、读、写教材的研究文献大量涌现,说明我国汉语教学开始注重语言技能的训练;三是对教材编写过程中具体编写原则的研究,重点研究教材的针对性、趣味性等编写原则;四是2005年新增关键词"文化",基本吻合刘珣(1994)指出的,90年代末到新世纪,进入了"结构、功能、文化"相结合时期(姜丽萍2018)。

5.3 快速增长阶段(2009—2019年)

此10年间,汉语教材的研究呈现快速发展态势。年发文量趋于稳定,由30～40篇增长至百余篇,年均90篇左右。2009年新增关键词"评估";2017年新增"教材分析""教材评估",说明已经出现了教材评估的意识,对教材进行多方面评估,可以使教材编写得到突破与创新,汉语教材研究进入大发展期。

这一时期,汉语教材研究的范围逐渐扩大,新兴领域不断扩展,视角不断多元,其数量和质量都有了较大提升。其一,2000年以来,以任务型教学法为编写指导的教材大量涌现,相关研究也逐渐兴起,如2012年新增"任务型教学法",2014年新增"任务型"。其二,更关注使用者视角,研究重心转向国别化教材、本土化教材以及面向需求的专门用途教材的研究等,如2009年新增"本土化",2010年新增"国别化""国别化教材",2015年新增"海外儿童"。其三,更关注宏观层面研究,如2011年新增"汉语国际推广",2013年新增"孔子学院",2016年新增"走出去",2018年新增"一带一路"等。汉语教材研究重心发生转变绝不是偶然的,究其原因:一是汉语国际教育"请进来"到"走出去"形势的转变;二是2014年国际汉语教材编写指南网络平台的正式上线以及《国际汉语教学通用课程大纲(修订版)》的颁布,为本土化教材的编写提供了科学依据。

六 国际中文教材研究的反思与展望

综上,国际中文教材研究近年来已经取得了较快发展,研究队伍的不断成熟,发文量的逐年增加,对深化相关理论研究与实践研究起到了积极的促进作用。但是,目前研究过程中依然存在一些问题,需要在今后的研究中加以完善。

第一,在研究内容上,前期研究主要集中在宏观理论研究,后期研究主要集中在教材内容要素研究和编写实践中的基础性研究。研究内容由宏观理论研究转向一般性问题研究,说明新的研究领域正在崛起。近年来,教材数量猛增,教材质量却是良莠不齐,不仅造成资源浪费,同时也会严重影响到国际中文教育的质量。因此,今后应加强教材评估研究,建立完整的、科学的评估系统,并将研究理论实践到具体教材的评估中,提高汉语教材编写整体水平。

第二,在研究重心上,前期热衷于通用性教材研究,忽视了汉语学习者的多样性。近年来汉语教材研究重心转向国别化教材、本土化教材以及面向需求的专门用途教材的研究等。在已有研究成果的基础上,今后研究应该继续扩大需求分析的范围,完善需求分析的维度。对于汉语学习者的不同需求,应将使用者的角度作为研究视角,规范需求分析行为,确保研究的科学性。

第三,在研究方法上,教材研究的初级阶段,多研究教材编写理念、编写原则和经验总结,定性研究占据主导地位。随着研究的不断深入以及研究领域的不断扩展,学者开始采用定量与定性相结合的研究方法。如:对汉语教材的词汇和语料处理进行定性与定量相结合的研究;以对词汇进行量化的方法研究教材词汇选取与词汇大纲的关系;从"需求分析"的角度研究汉语教材,通过调查问卷获得大数据,根据调查结果来进行实证分析,提出编写建议。总之,任何科学领域的研究都需要研究方法的指导。研究者应将定量研究与定性研究结合起来,使研究方法逐渐走向多元化。

第四,在团队合作上,目前合作规模排名靠前的作者群研究成果的影响力参差不齐,合作规模的大小与成果的价值不成正比,对提升研究成果价值作用甚微。鼓励团队合作的初衷是希望强强联手、合作交流,实现优势互补。因此,今后的研究呼吁跨高校、跨区域学者合作,互通有无,壮大国际中文教材研究队伍,产出高质量研究成果。

注 释

① "频次"对应于该节点的出现次数;"中心性"超过0.1的节点是知识图谱中最为核心的节点,是联系其他节点的枢纽。
② 比利时情报学家埃格黑(L. Egghe)提出了布拉福德核心期刊区数量计算公式,即 $r_0=2Ln(e^E \times Y)$,r_0 为核心区期刊数量,E 为欧拉系数 0.5772,Y 为发文量最大期刊的文献数量。
③ 根据普赖斯定律,核心作者数 $Nmin=0.749(Nmax)^{1/2}$,Nmin 和 Nmax 分别代表核心作者群体中发表文献数量的最小值和最大值。

参考文献

陈新忠、张 亮(2018)我国研究生教育质量研究的轨迹、现状及热点——基于1986-2016年CNKI期刊的文献计量与内容分析,《现代教育管理》第6期,118-123页。

陈 悦、陈超美、胡志刚、王贤文(2014)《引文空间分析原理与应用》,科学出版社。

陈振宁(2018)基于 CiteSpace 的国内教育信息化研究动态的可视化分析,《青海师范大学学报(哲学社会科学版)》第4期,140-148页。

江向东、傅文奇(2008)十年来我国数字图书馆知识产权研究论文的统计分析,《情报科学》第4期,580-585页。

姜丽萍(2018)汉语教材编写的继承、发展与创新,《华文教学与研究》第 4 期,12—18 页。
李宝贵、李　慧(2019)2007—2018 年汉语国际传播研究的文献计量分析,《沈阳师范大学学报(社会科学版)》第 1 期,126—131 页。
李宝贵、刘家宁(2017)"一带一路"战略背景下孔子学院跨文化传播面临的机遇与挑战,《新疆师范大学学报(哲学社会科学版)》第 4 期,148—155 页。
李宝贵、尚笑可(2019)我国汉语国际教育研究现状分析(2008—2018)——基于文献计量学视角,《辽宁师范大学学报(社会科学版)》第 3 期,12—21 页。
李宝贵、施雅利(2019)2000—2018 年中国语言资源研究的文献计量分析,《语言战略研究》第 3 期,62—74 页。
李更新、程相文、谭敬训、刘希明、王碧霞(1983)编写《高级汉语》的指导思想和原则,《语言教学与研究》第 4 期,68—78 页。
李　泉(2002)近 20 年对外汉语教材编写和研究的基本情况述评,《语言文字应用》第 3 期,100—106 页。
李　泉、宫　雪(2015)通用型、区域型、语别型、国别型——谈国际汉语教材的多元化,《汉语学习》第 1 期,76—84 页。
李晓琪(2016)汉语教材编写的两个问题,《华文教学与研究》第 3 期,74—86 页。
李雪梅(2010)对编写意大利本土化汉语教材的思考,《海外华文教育》第 3 期,31—36 页。
刘　弘、蒋内利(2015)近十年对外汉语教材研究特点与趋势分析,《国际汉语教学研究》第 1 期,55—62 页。
刘颂浩(2008)关于对外汉语教材趣味性的几点认识,《语言教学与研究》第 5 期,1—7 页。
刘　珣、邓恩明、刘社会(1982)试谈基础汉语教科书的编写原则,《语言教学与研究》第 4 期,64—75 页。
邵明明 (2017) 近二十年对外汉语教材研究综述,《国际汉语教育(中英文)》第 1 期,100—107 页。
孙　威、毛凌潇 (2018)基于 CiteSpace 方法的京津冀协同发展研究演化,《地理学报》第 12 期,2378—2391 页。
谭　萍(2017)对外汉语教材评估研究现状、问题及对策,《云南师范大学学报(对外汉语教学与研究版)》第 4 期,32—38 页。
吴英成、罗庆铭(2009)《语言教学与研究》30 年回顾与展望:汉语国际传播视角,《语言教学与研究》第 5 期,7—14 页。
吴应辉(2013)关于国际汉语教学"本土化"与"普适性"教材的理论探讨,《语言文字应用》第 3 期,117—125 页。
张　丽、姜　蕾(2015)海外儿童汉语教材的课文编写研究,《海外华文教育》第 4 期,555—568 页。
赵金铭(1998)论对外汉语教材评估,《语言教学与研究》第 3 期,4—19 页。
赵金铭(2014)何为国际汉语教育"国际化""本土化",《云南师范大学学报(对外汉语教学与研究版)》第 2 期,24—31 页。
赵贤州(1987)建国以来对外汉语教材研究报告,载《第二届国际汉语教学讨论会论文选》,598—611 页,北京语言学院。
周　健、唐　玲(2004)对汉语教材练习设计的考察与思考,《语言教学与研究》第 4 期,67—75 页。
周小兵(2014)汉语教材需要本土化吗,《国际汉语教学研究》第 1 期,10—11 页。

周小兵、李亚楠、陈　楠(2014)基于教材库的新加坡华文教材分析与思考,《云南师范大学学报(对外汉语教学与研究版)》第6期,11—16页。

周小兵、张　哲、孙　荣、伍占凤(2018)国际汉语教材四十年发展概述,《国际汉语教育(中英文)》第4期,76—91页。

Chen, C. (2006) Citespace II: detecting and visualizing emerging trends and transient patterns in scientific literature. *Journal of the American Society for Information Science and Technology*, 57(3), 359—377.

Egghe, L. & Rousseau, R. (1990) *Introduction to Informetrics: Quantitative Methods in Library, Documentation and Information Science*. New York: Elsevier Science Publishers.

作者简介

李宝贵,辽宁师范大学文学院教授,博士生导师,主要从事汉语国际教育、汉语国际传播和语言规划研究。Email:libaogui2003@163.com。

李慧,辽宁师范大学国际教育学院研究生。

璩大盼,辽宁师范大学国际教育学院研究生。

ABSTRACTS

LI, Quan: Fifteen Years of Confucius Institute: Comments from an Outsider

Confucius Institute helps people from different countries to learn Chinese and have a better understanding of China and Chinese culture. Meanwhile, it provides a platform for more international students to study in China. Confucius Institute promotes the internationalization of Chinese and the Going-out strategy of Chinese culture. In folk, it promotes China's integration into the world. For education, it promotes the professional construction and personnel training related to international Chinese teaching. However, Confucius Institute has some major problems. It doesn't have one single and main function, and doesn't regard Chinese teaching as a subject to implement, which both lead to the fact that overwhelming cultural activities and exchange projects negatively affect Chinese teaching. In this study, long-term suggestions are provided. Confucius Institute should have a sole function and trace back to its original responsibility in Chinese teaching. It should regard Chinese teaching as the single function and improvement of teaching quality as the only aim. Persevering in the expression of related cultural phenomena during Chinese teaching will undoubtedly enhance its confidence of introducing Chinese culture to the world. The more Confucius Institute becomes the focus of public opinions, the more it shows the problems of functional orientation and implementation. On the contrary, less attention means success. Since Chinese teaching is a discipline, there will be less attention and sensationalization from the outside as long as it sticks to the rules and laws of the discipline.

Key words: Confucius Institute, Chinese teaching, cultural teaching, cultural transmission

GAO, Chenyang; HAN, Wenhui & FENG, Liping: A Study on Syntactic Priming Effect of Ditransitive Structures under Different Contextual Conditions in L2 Chinese

In this study, the verbal sentence completion task under the priming paradigm was adopted, and two behavioral experiments were conducted to investigate the differences in the syntactic priming effects of ditransitive structures with different frequencies under different contextual conditions in the grammars of Chinese native speakers and Korean-speaking L2 Chinese learners. In particular, the contextual conditions were divided into single sentence without contexts and sentences with discourse contexts. It found that the priming effect of high-frequency structures was always stronger than that of the low-frequency structures, irrespective of the participant groups or different conditions. It argues that the tendency of participants' usage of different ditransitive structures caused by the structural frequency plays an important role. However, different from native speakers, the usage tendency of L2 learners has both been affected by the absolute and relative frequencies of the L2 structures, as well as the structural frequency in their L1 Korean. It also found that the priming effect of the single sentence without contexts was the strongest for both groups of participants, and this may be due to the integration of contextual information which has weakened the processing of the priming structures. However, as compared to Chinese native speakers, Chinese L2 learners showed stronger priming effects and lower error rates under the condition of sentences with discourse, which indicates that the discourse semantics facilitates the matching of sentence structure and semantics in L2 grammars. In addition, findings of this study have implications for the design of syntactic training in Chinese teaching, and have offered empirical evidence for teachers to select relevant contextual conditions in syntactic teaching on the basis of the structural frequency.

Key words: contextual conditions, structural frequency, Chinese second language learners, Chinese ditransitive structures, syntactic priming

HONG, Wei & CHOI, Sooyoun: The Influence of Different Types of Korean Hanja on the Acquisition of Chinese Vocabulary by Korean Students

There are a large number of Korean Hanja originating from Chinese in Korean. After a long-term use and evolution, these Korean Hanja have formed six types representing different relations with their Chinese counterparts, i.e., equiforms, semi-homographs, homographs, heterographs, morpheme-shared synonyms and morpheme-inversed synonyms. This study aims to explore how these different types of Korean Hanja affect the acquisition of Chinese vocabulary by Korean-speaking Chinese learners at intermediate and advanced levels. The results showed that: (1) Regardless of these learners' proficiency levels, they all exhibited the most difficulty in understanding and producing semi-homographs. By contrast, the understanding and production of equiforms and heterographs were less difficult. Meanwhile, morpheme-shared synonyms, homographs and morpheme-inversed synonyms were in moderate difficulty. (2) With their Chinese proficiency improved, Korean students' overall understanding and production of Chinese counterparts had been improved. However, the semi-homographs were still difficult for Korean students even until they reached the advanced levels.

Key words: Korean students, Korean Hanja, difficulty in acquisition

YU, Miao; LONG, Jiaxin & CHEN, Xiaoxiao: Does Word Space Facilitate Chinese Reading?: A Follow-up Research on CSL Beginners

It remains controversial whether word space in Chinese reading plays an important role for CSL. This study aimed to investigate the effect of word space in Chinese reading for Scottish students who had no experience learning Chinese before they came to China by conducting a four-stage follow-up research using eye tracker. The results showed that over all learning stages, the effects of word space were significant on the measures of mean fixation duration and mean saccadic amplitude. However, due to different spatial distribution under conditions with or without space, these two measures may not be persuasive to a certain extent. Furthermore, there are no interactions between learning stages and word space on the measures of total sentence reading time, total number of fixations and reading speed. In conclusion, the present study indicated that word space did not facilitate Chinese reading for CSL beginners.

Key words: word space, Chinese reading, CSL beginners, follow-up research

GAO, Shunquan & CHEN, Xiaoyu: On "*bù* A" Adjectives and Its Teaching: Start with "*hǎo bù* A"

"*hǎo bù*（好不）A" adjectives express both negative and positive meanings. From a diachronic viewpoint, it has been argued that the positive semantics originated from the forms bearing negative semantics. *hǎo bù* in the positive forms (i.e., the "*hǎo bù* A" forms bearing positive semantics) is an adverb, in which *bù* is a redundant constituent. The negative forms (i.e., "*hǎo bù* A" forms bearing negative semantics) have a similar meaning to "*hěn bù* A" forms. "*bù* A", bearing gradability in nature, can be modified by degree words and can thus be seen as qualitative adjectives, in which *bù* can be seen as a quasiprefix. An adjective list with adjectives used in "*bù* A" forms could be established via some syntactic slots as in which the "*bù* A" forms can be identified. In the compilation of Chinese second language teaching materials and classroom teaching, these special adjectives and their forms should attract more attention.

Key words: *hǎo*, *bù*, adjective, gradability, syntactic slots, teaching

SU, Xiangli: On the Mixed Distribution and Influencing Factors of Homologous Confusable Words "*dà—duō*" and "*xiǎo—shǎo*" in Grammars of CSL Learners: Analysis from the Perspective of Lexical Typology

"*dà—duō*" and "*xiǎo—shǎo*" are confusable words for Chinese learners with different native backgrounds. Based on the interlanguage corpus, this study investigated the mixed distribution of these two pairs of words, and examined the lexicalization mode and the typical model of semantic expansion of *"dà, xiǎo, duō, shǎo"* across languages from the perspective of lexical typology. On the basis of these findings, the mixed influencing factors of homologous confusable words *"dà—duō"* and *"xiǎo—shǎo"* were further investigated. The results show that there are two types of concepts, i. e., colexification and non-colexification among languages representing the space size and the quantity. Under the guidance of the metaphor mechanism, the dominant words in these two groups of concepts are mapped from space domain and quantity domain to abstract domain, respectively. The semantic expansion of these words in different languages forms two typical patterns: space type and quantity type. The mixing use of these two pairs of homologous words by CSL learners from different linguistic backgrounds has been influenced by the similarities and differences of languages.

Key words: lexical typology, confusable words, lexicalization, colexification, semantic extension

QI, Lidong; LI, Yutong & SUI, Xue: The Repeated Name Penalty Effect in Study of Anaphoric Reference

Anaphoric reference is a common phenomenon in human languages, and it plays an important role in discourse integration and sentence comprehension. It has been found that in contexts with salient antecedents, the processing of repeated name anaphora is slower than that of explicit pronoun anaphora. This phenomenon is defined as the Repeated Name Penalty (RNP) effect. At present, the RNP effect has been found in English, Chinese, Spanish, Japanese, Brazilian Portuguese, Italian, etc., which indicates that the RNP effect is universal among languages. It has been argued that the RNP effect in Chinese should be calculated between reduced expressions (both overt and null pronouns) and repeated names. This suggests that the RNP effect is affected by features of different factors. It has widely been accepted that the Information Load Theory has the strongest explanatory power among many anaphoric expression theories. In this theory, the RNP effect is interpreted as the external manifestation of imbalance between processing loads and discourse functions. Future research could focus on the following aspects: First, further explore the language universality of the RNP effect and provide more experimental evidence. Second, construct a more comprehensive theoretical model of anaphoric expressions to better explain the psychological mechanism of discourse integration.

Key words: anaphoric reference, repeated name penalty, overt pronouns, salience

SHAO, Hongliang & XIE, Wenjuan: The Compatible Modes and Functions of Expectation and Anti-expectation Modal Particles within a Clause

Expectation and anti-expectation modal particles can be compatible with each other within a clause. The main compatible mode is the coexistence and collocation of expectation and anti-expectation commentary adverbs in adverbial positions, and in such positions the "anti-expectation ⟨expectation⟩" significantly outnumbers the "expectation ⟨anti-expectation⟩". This compatible mode implies two compound expectations, i.e., "speaker's anti-expectation + other's expectation" and "speaker's anti-expectation + speaker's expectation", and triggers the double expectations. As a reflection of the intersubjectivity and the speaker's ambivalence, however, the expectation and anti-expectation double commentary particularly highlights the speaker's anti-expectation, which is related to the fact that the anti-expectation commentary adverbs are especially stronger in the function of expressing focus than expectation commentary adverbs.

Key Words: commentary adverb, expectation, anti-expectation, mirativity, compatible mood, intersubjectivity

LI, Yunlong: Text Reliance and Teaching Support(Ⅰ): Classification of "Lao Qi Da"《老乞大》and "Piao Tong Shi"《朴通事》in the Sense of Curriculum

It is believed that the classic textbooks "Lao Qi Da"《老乞大》and "Piao Tong Shi"《朴通事》represented "a fundamental change from native language textbooks to specialized second language textbooks". However, this is not accurate as on one hand, before these two textbooks, textbooks for second language teaching were not uncommon, and on the other hand, dictionaries translated from Chinese to other languages could not prove the existence of a Chinese learning stage centered on vocabulary teaching. The two textbooks and their corresponding teaching resources have been inherited and innovated by many institutes. The great efforts of the two textbooks in teaching content, learning support, compiling style and other textbook arrangement have played a fundamental role in showing the characteristics of spoken Chinese at that time, as well as those in strengthening the communicative function in learning, highlighting the cultural understanding, improving the teaching process and constructing the learning support.

Key words: "Lao Qi Da"《老乞大》, "Piao Tong Shi"《朴通事》, second language, textbook compilation, curriculum

LI, Baogui; LI, Hui & QU, Dapan: Hotspots, Trends and Features in Study of International Chinese Language Textbooks during the Fourty Years

In perspective of bibliometrics, using CiteSpace as an instrument to draw maps of scientific knowledge on existing literature, this study has investigated research on International Chinese Textbooks since China's *Reform and Opening-up*. It has found that the main hot topics lie in those on theories in textbook compilation, elements and systematic structure of textbooks, categories of textbooks, reviews on textbooks, evaluations on textbooks, comparative study of textbooks and textbook localization. The latest research trends include the study of exercises in Chinese textbooks, the study of nationalization and localization, the study of Chinese extension, the study of language skills and special Chinese. It has also found that the research has moved from macro-theoretical to general topic levels, in particular, the focus has shifted from the universal textbooks to localized textbooks, the research perspective has shifted from author's perspective to user's perspective, the research methods has shifted from qualitative analysis to the combination of quantitative and qualitative ones. In the future, research on "demand-side" should be strengthened, and research on textbook evaluation should be attached more importance, as well as the textbook database and teamwork in research.

Keywords: International Chinese Textbook, CiteSpace, hot topics, latest trends, evolution characteristics

《汉语教学学刊》稿件体例

1. 稿件请用微软简体中文版 WORD 编辑。题目用小二号宋体,作者署名用四号仿宋体,正文用五号宋体,提要、关键词、注释和参考文献用小五号宋体,其中"提要""关键词"本身用小五号黑体,"注释""参考文献"本身用五号黑体。题目、作者名、提要、关键词的英译以及作者电子邮箱地址都用 Times New Roman 字体,题目、作者名的英译用 12 号,其余用 10.5 号。关键词之间用逗号隔开。正文行距为 1.15 倍。页边距为常规格式(上、下 2.54cm,左、右 3.18cm)。

2. 如有通信作者,用首页脚注形式,作者名后加上标 *;包括通信作者的电子邮箱、邮政编码、联系地址;用小五号宋体,英文和汉语拼音均用 Times New Roman 字体,如:通信作者:王 XX wangsxx@sina.com 100871 北京市海淀区颐和园路 5 号 北京大学对外汉语教育学院。

3. 如有课题/项目,用首页脚注形式,文章标题后加上标 *,注明课题的类别、名称及编号。如:* 本研究为国家哲学社会科学基金一般项目"中国大学生跨文化能力综合评价研究"(10BYY091)的阶段性成果;名称用小五号宋体;括号及编号均用 Times New Roman 下的格式。

4. 正文第一级标题用小四号黑体,上下各空一行,标题序号用"一、二、三……"。第二级以下小标题用五号宋体加黑,节次可按如下格式编号:1.1、1.1.1、1.1.2;1.2、1.2.1、1.2.2,余类推。本刊只接受三级以内的小标题。

5. 例句独立列出者,用楷体,行首空两格,回行与首行序号之后的文字对齐;序号加圆括号,如:(1)(2)……;全文例句连续编号。

6. 文中若有图表,请在图表上方或下方用小五号黑体字注明序号及名称,如:图 1 ……;表 1 ……。若有复杂图表,不便在正文中排印者,请附在文末,并注明序号及名称,如:附图 1 ……;附表 1 ……。全文图表连续编号。为保持图表的准确性,请另附 PDF 版。

7. 文中采用国际音标,请加方括号,声调用五度标调法,标于音标右上角,如:好[xau^{214}]。采用汉语拼音,声调则用调号,如:nǐ hǎo。

8. 行文中引用原文者,请加"";引文独立成段者,请用楷体,第一行空四格,第二行以下空两格。

9. 注释采用尾注。注释号码用带圈阿拉伯数字右上标,如:完形①。请勿用自动标注。

10. 注明引文或观点出处,可采以下方式:

若所引之文或观点发表在期刊上,则为:陆俭明(1980)……;若所引之文或观点出自著作之中,则为:陆俭明(1993,84—85)……,逗号后的数字为页码,下同;若在所引之文后面用括号注明出自期刊或著作中的观点,则为:……(陆俭明 1980),或 ……(陆俭明 1993,84);若所转述的观点为不同的人持有,则为:……(Corder 1981;Krashen 1981);或 ……(James 1980;Ellis 1986,18—41)。三个作者及以上的,中文文献用第一作者加"等",如:朱德熙等(1961);外文文献用第一作者加 et al.,如:Tomasello et al. (1984)。

11. 重要术语:首次在国内语言学期刊上出现的术语须在括号内附上外文原文,但同一术语的外文原文不要重复出现。

12. 参考文献请按以下方式处理:

中文、日文文献排在西文文献之前;外文译著按中文文献处理;相同语种的文献按作者姓名的汉语拼音顺序或英文字母顺序排列;西文作者姓在前,名在后,姓名之间用逗号隔开。文献的作者或编者须全部列出,具体情况:(1) 独立作者或编者的文献则使用完整姓名。(2) 两个及以上作者或编者之间,中文文献统一使用顿号,如(赵彤、金磊、王晖),外文文献中统一使用 &(不用 and),如(Cole, P. & J. Morgan)。(3) 参考文献有多个作者时,第一个作者的姓氏排前,后跟名字的首字母,如(Labov, W.),其余作者均先排列名字的首字母,再跟姓氏,如(Hauser, M., N. Chomsky & W. Fitch)。具体格式如下:

中文著作:陆俭明(1993)《现代汉语句法论》,商务印书馆。

中文期刊:李晓琪(1995)中介语和汉语虚词教学,《世界汉语教学》第 4 期,63—69 页。

中文文集:彭聃龄(2003)汉字识别与连接主义模型,《对外汉语研究的跨学科探索》(赵金铭主编),191—206 页,北京语言大学出版社。

会议论文:柯彼德(2012)关于中国语言与文化在全球化世界中的地位和作用的若干思考,北京论坛(2012)文明的和谐与共同繁荣:"文明的构建:语言的沟通与典籍的传播"语言分论坛论文及摘要集,64—74 页,2012.11.02,北京大学。

英文著作:Kramsch, C. (1993) *Context and Culture in Language Teaching*. Oxford: Oxford University Press.

英文期刊:Martin, M. (1984) Advanced vocabulary teaching: The problem of synonyms. *Modern Language Journal*, 68, 130—137.

英文文集:Searle, J. (1975) Indirect Speech Acts. In P. Cole & J. L. Morgan (eds.). *Speech Acts*, 59—82. New York: Academic Press.

学位论文:金沛沛(2017)《汉语学习词典语用信息的选取与呈现研究》,北京大学博士学位论文。

研究报告：Cumming, A., R. Kantor, K. Baba, K. Eouanzoui, U. Erdosy & M. James. (2006) Analysis of discourse features and verification of scoring levels for independent and integrated prototype written tasks for the new TOEFL test. TOEFL: Monograph Report No. 30.

网络文章：Sanders, N. (2003) Opacity and sound change in the Polish lexicon. http://sanders.phonologist.org/diss.html. (访问日期：××年××月××日)